ammann

NORBERT KÜHNE

»30 KILO FIEBER«

DIE POESIE DER KINDER

➤

KINDERANEKDOTEN

AMMANN VERLAG

Mit Zeichnungen von
Dennis Cyril Mc Connell
und Umschlagzeichnungen von Monika Schmid.

Alle Rechte vorbehalten
© 1997 by Ammann Verlag & Co., Zürich
Satz: Dörlemann Satz, Lemförde
Druck und Bindung: Ebner Ulm

ISBN 3-250-10326-8

»Jedes Kind ist ein Sprachgenie.«
Steven Pinker

VORWORT

(WAZ, Essen, 18. 12. 1995)

2.
LEBENSJAHR

Anna spielt mit mir Arzt und Patient. Mit dem Fieberthermometer mißt sie meine Temperatur.

Anna: »30 Kilo Fieber.«

Stefanie Wenz

»EIN PFERD MIT NEM HIRSCH DRAUF«

Tiere

Im Vogelpark.

Draußen ist es schon zu kalt für die Papageien. Wir müssen deswegen einen Umweg zum Eingang machen. Das paßt Ela nicht. Sie sagt streng zum ersten Papagei:

»Mußt du Jacke anziehen!«

Vera Krumsee

➤

Gelegentlich sage ich zu meiner Tochter: »So eine Sauerei!«

Neulich habe ich mit ihr ein Bilderbuch angesehen, in dem die neu in Mode gekommenen Urviecher abgebildet waren.

Anna sagte: »Und das ist eine Dinosauerei, Mama!«

Stefanie Wenz

➤

Wir kriegen regelmäßig Besuch von Meisen am Küchenfenster. Anna ist dann immer aufgeregt. Einmal fuhr ich mit Anna in der Straßenbahn, da sagte sie ganz laut:

»Meine Oma hat auch eine Meise!«

Stefanie Wenz

Luisa hatte den Tag mit Oma im Zoo verbracht, und anschließend waren sie zusammen zum Mittagessen.

Ich: »Und du warst mit Oma im Zoo?«

Luisa: »Ja. Eisbären sehen.«

Ich: »Schön! Und was noch?«

Luisa: »Affen. Löwenpapa.«

Ich: »Löwenmama auch?«

Luisa: »Ja!«

Ich: »Und was haben die Eisbären gemacht?«

Luisa: »Badet.«

Ich: »Und die Affen?«

Luisa: »Ssaukelt!«

Ich: »Und was war am Schönsten?«

Luisa: »Die Suppe.«

Marion Borgmann

> ————

Finn krabbelt um fünf Uhr morgens aus dem Bett.

Er spricht mit seinem Hasen: »Hasi tinkt, Töttel macht. Finn auch!«

Hans-D. Zeuschner

> ————

Wir machten Urlaub in einem Dorf.

Donald rümpft die Nase: »Bäh, die Kühe riechen nach Schaf.« Beim Weitergehen entdeckt er eine Ziege.

Donald: »Mama, guck mal, ein Pferd mit nem Hirsch drauf!«

Ein wenig später kommen wir an einem Garten vorüber, in dem jemand Äste verbrennt.

Donald: »Mama, warum bratet der Mann die Bäume?«

Cornelia Schmidt

➤

Wir hatten eine größere Wohnung auf dem Land (Thüringen) erhalten, saßen zum erstenmal am Frühstückstisch. Ein wunderschöner Sommertag. Das Fenster war geöffnet.

Unser Jüngster: »Horch, die Gaakente singt!« Im Nachbardorf hatte der Hahn gekräht.

Margit Kietze

➤

Jannik und ich sind im Supermarkt einkaufen.

Plötzlich ruft Jannik laut: »Guck mal, Mama! Ein Eisbär!«

Er zeigt hinter mich. Zu meinen Füßen entdecke ich einen kleinen weißen Wuschelhund.

Ulrike Heusinger

»DA HAT ER NOCH
KEINE BEINE.«

Leute

Jürgen sieht sich die Bilder in der Erstkläßler-Fibel an. Auf der Weihnachtsseite hat er Josef und Maria entdeckt:

»Mami – guck mal! Hänsel und Gretel haben ein Baby!«

Sieglinde Renz

➤

Anneke, die ältere Tochter (6 Jahre), sagte bescheiden, sie wünsche sich eine Puppe zu Weihnachten. Sie deutete auf eine im Schaufenster.

Nun war Sibille dran:

»Das ist alles schön! Ich wünsche mir alles, was im Schaufenster ist.«

Anneke mußte lachen, doch dann meinte sie ernst:

»Aber Sibille, das ist doch viel zu teuer für den Weihnachtsmann!«

Sibille empört:

»Was! Der Weihnachtsmann nimmt von den Kindern Geld?«

Ruth Schulz

➤

Für Hannes war es interessant, was Papa im Bad machte. Als der Vater sein Geschäft beendet hatte, erklärte er Hannes:

»Schau, so macht man das.«

Dabei schüttelte er sein Glied, damit die letzten Tropfen in die Toilette und nicht in die Hose gingen. Hannes nickte.

Eines Tages stand Vater wieder im Bad vor der Toilette und pinkelte.

Da langte von hinten zwischen seinen Beinen hindurch ein Händchen und schüttelte Vaters Glied.

G. Brentführer

>———

Anna hat schon oft zugesehen, wenn ihre Mama im Bad ist und sich duscht.

Dann ist Oma zu Besuch. Oma beginnt im Bad, sich mit einem Stift den Lidstrich zu ziehen. Da springt Anna vom Klo, rennt aus dem Badezimmer und ruft:

»Mama, Mama! Komm schnell ins Badezimmer und schau dir das an. Oma schreibt sich gerade etwas auf die Augen!«

Werner Plum-Schmidt

>———

Seine Mutter steigt aus der Wanne. Blut läuft ihr an einem Bein herunter.

Leo: »Mama, du hast da Nasenbluten!«

Ute Bertels

>———

Wir sehen uns Familienfotos an.

Ich frage Donald zu einem Paßbild: »Na, weißt du, wer das ist?«

Donald: »Das ist Onkel Carsten. Da ist er noch klein. Da hat er noch keine Beine!«

Cornelia Schmidt

➤

Papa und Stephanie stehen nach dem gemeinsamen Bad vor der Wanne. Stephanie sieht zu ihrem Papi auf, ergreift seine Geschlechtsteile und sagt »Bim-Bam« und stupst diese heftig an.

Gisela Ewert-Kolodziej

➤

Gespannt warteten alle auf die Geburt des Kindes. Endlich. Das kleine Mädchen machte sich mit einem lauten Schrei Luft.

»Kräht's noch mal?« fragte der Bruder.

A. Bühne

➤

Holger soll von Oma gekämmt werden.

Er protestiert: »Nee! Oma! Heut kommt kein Besuch!«

Marianne Rinderspacher

➤

Warten auf das Christkind.

Klaus: »Der Nikolaus war gerade da.«

»Och, ist das wahr?«

Klaus: »Ja, hat Ssokolade bracht.«

»Weißt du denn, wer auch bald kommt?«

Klaus: »Ja-ha! Oma, Opa und Onkel Herbert.«

Marion Borgmann

Annas Locken werden von vielen Leuten bewundert. Dann sage ich oft: »Die hat sie von ihrem Papa!«

Abends im Bad streicht sie ihre Locken zurück: »Gell, ich hab schöne Locken. Die hat mir mein Papa geschenkt!«

Stefanie Wenz

Holger kommt zu Papa, drückt ihm die Luftpumpe ans Bein und sagt:

»Ich pump Papa an!«

Marianne Rinderspacher

Wir wollen mit dem Wohnwagen zusammen in Urlaub fahren.

Stolz erklärt Ela der Nachbarin:

»Wir ßlafen dadrin und Papa ßiebt!«

Vera Krumsee

»Duuu, Sonja, darf ich mal was fragen?«

Sonja, die Tante: »Aber natürlich, Nick, immer, schieß los!«

Nick: »Du, sag mal, bist du eigentlich zu blöd zum Kochen?«

Sonja Röder

Opa wird begraben. Holger: »Schläft Opa jetzt draußen?«

N. N.

»V-E-N-T-O-L-A-T-O-R«

Pommes, Pimmel, Pflanzen und die Nuß im Hals

Rosenmontag.

Karin, die keckste von drei Schwestern, hatte etwas dazugelernt.

Sie verriet, wie die Straßen in Recklinghausen heißen:

»Kaiserwall, Königswall und Karneval!«

Ruth Schulz

Holger ruft nach seinem Schnuller: »Luli, Lulli!«

Mutter: »Der kommt wohl nicht alleine?«

Holger: »Nee, der hat noch keine Schuhe.«

Marianne Rinderspacher

Wir hatten Blumen gepflückt. Luisa wollte damit spielen. Ich erklärte ihr, sie müßten in der Vase bleiben.

Kurz darauf lag die Vase auf dem Tisch, das Wasser war herausgelaufen.

Luisa: »Blumen sind alle rausekrabbelt!«

Marion Borgmann

In Dänemark zum Urlaub. Dominik trotzt. Wir sind auf der Rückfahrt unseres Tagesausflugs.

Ich sage: »Ach, wir fahren jetzt durch Dokkedal!«

Dominik brüllt von hinten:
»Nein, nicht Dokkedal! Ich will jetzt Pommes!«

➤

Karin Schardt

Nico beobachtet mich, wie ich eine Apfelsine schäle: Deckel ab, Schale von oben nach unten einschneiden, dann mit dem Messer von der Frucht lösen.

»Meine Mama hat zu Hause auch Apfelsinen, die so aufgehen.«

➤

Kornelia Richter

Einige Puppenkleider vor der Zimmertüre.

Mutter fragte: »Was ist damit?«

Maike antwortete: »Die können in die Kleidersammlung!«

➤

Renate Mohrs

Dem Vater gehen die Warum-Fragen auf die Nerven.

»Warum … Warum …!!! Warum ist die Banane krumm!«

Jürgen: »Weil se halt umgefalle isch und dann isch se krumm geworde!«

➤

Sieglinde Renz

Aus einem Blumengeschäft brachte ich ein Bubiköpfchen mit nach Hause. Mein Sohn und ich stellten die Pflanze auf die Fensterbank.

Während des Essens fragte ich ihn:

»Ja, wo ist denn das schöne Bubiköpfchen?«

Mein Sohn strahlte, legte die Hände auf seinen Kopf und sagte:

»Daaaaaaaaa!«

N. N.

➤

Annette (5 Jahre) und ihre Freundin Miriam (5 Jahre) saßen auf dem Rücksitz, in ihrer Mitte Lisa (2 Jahre).

Annette zur Freundin Miriam: »Kleine Kinder sind blöd! Ne?«

Miriam war der gleichen Überzeugung. Und sie sagte es laut.

Annette: »Spielen kann man überhaupt nicht mit ihnen. Die sind immer so zickig!«

Miriam: »Und heulen immer, wenn man mit ihnen spielt.«

Annette: »Sie können noch nicht mal Ventolator sagen!«

Miriam: »Genau! Das können sie nicht.«

Annette: »Lisa, sag doch mal V-e-n-t-o-l-a-t-o-r!«

Miriam: »Na, Lisa! Los! Sag V-e-n-t-o-l-a-t-o-r!«

Lisa: »Ventilator.«

Dr. Norbert Heimken

➤

Mutter zu Vater: »Schau mal! Was für ein schönes kleines Autochen. Das würde mir gefallen!«

Vlado empört: »Mama, kennst du den nicht? Das ist doch ein Mini-Cooper!«

Norbert Kühne

Ich spreche mit meinem Partner über die stark wachsenden Polypen seiner Zwillingsschwester.

»Die Mandeln möchte ich mir aber nicht in dem Alter entfernen lassen.«

Felix: »Mama. Gell! Ich hab da hinten im Hals auch eine Nuß?«

Christiane Theis

➤

Felix: »Gell Mama, wenn ich groß bin, darf ich auch Kaffee und Cola trinken?«

Eines Abends sitzt Felix nackt im Kinderzimmer und reibt an seinem Penis. Der wird steif und größer. Felix ist fasziniert.

»Mama, guck mal! Mein Pimmel ist schon groß. Der darf Kaffee und Cola trinken!«

Christiane Theis

➤

Steffen (1 Jahr) schreit fürchterlich. Mutter stürzt ins Zimmer und fragt Rene, was er gemacht habe.

Rene ergreift noch einmal Vaters Hämmerchen – und schlägt zu.

Hans-D. Zeuschner

➤

Mutter: »Wie kommt der Mond auf das Dach?«
Tochter: »Ich habe ihn da hingeworfen!«
Mutter: »Und warum ist er jetzt nicht da?«
Tochter: »Er ist faul, er arbeitet nicht!«

H.-G. Scholz

»WIR PIESCHERN NICHT
IM DUNKELN.«

Wenn es gewitterte, hatte unser Sohn Utz Angst vor dem Donner. Aber Blitze erwähnte er nie.

Wir sagten, er brauche keine Angst zu haben, das sei der »Karl«, der schimpfe und nach einer Weile sei er wieder ruhig.

Im Sommer waren wir zu einem Urlaub am Idro-See. Es war früher Abend. Utz saß am Fenster. In den Bergen grollte es.

Aus Gewohnheit sagte ich: »Du brauchst keine Angst haben, das ist der Karl.«

Das Gewitter kam näher.

Auf einmal rief Utz aufgeregt: »Mama, komm mal schnell gucken. Der Karl! Ich hab den Karl gesehen!«

Utz hatte den Blitz gesehen.

Renate Kowalewski

➤

Es ist 23.00 Uhr. Henrik wird wach und weint. Mareile nimmt ihn auf den Arm, er beruhigt sich. Als wir ihn wieder hinlegen wollen, fragt ihn Mareile, ob er noch einmal pieschern müsse.

Er dreht den Kopf zum Fenster und sagt entrüstet: »Is doch dunkel, wir pieschern nicht im Dunkeln!«

Rudi Faßbender

Der Mond glänzte besonders schön goldgelb.

»Wer hat den Mond angestreichelt? Mama, sag mal!«

Sieglinde Renz

>

Mutter zeigt Jürgen, wie ein Streichholz brennt. Als das Feuer ausgeht, guckt Jürgen das Streichholz an und sucht die Flamme:

»Mama, sag! Wo isch's hingegangen, das Feuer?«

Sieglinde Renz

3.
LEBENSJAHR

Die kleine Lena ist gerade so groß, daß sie gut aus dem Seiten-
fenster schauen kann. An einem der letzten Urlaubstage er-
klärt sie der Familie:
»Die Kühe haben hier alle Hüpfbälle unter dem Bauch!«
Gisela Ewert-Kolodziej

»DER TEUFEL IST INS LOCH GEFAHREN.«

Bauen, Putzen, Ordnen, Reparieren

»Komm, Annemarie! Streu schön deine Blumen«, versucht die Mutter das Kind zu ermuntern.

Annemarie aber sagt: »Die streue ich nicht, damit sie hier verwelken.«

Bei dieser Hochzeitsfeier betritt Annemarie zum erstenmal eine Kirche, und zum erstenmal bekommt sie einen Pfarrer zu Gesicht. Als der schwarz gekleidete Pfarrer nun hinter dem Altar verschwindet, um in die Sakristei zu gehen, ruft Annemarie mit lauter Stimme, so daß es durch die Kirche hallt:

»Jetzt ist der Teufel ins Loch reingefahren!«

A. Bühne

Rolf: »Mama, warum scheint die Sonne?«

Mutter: »Frag sie doch selbst!«

Daraufhin stellte sich Rolf in die Sonne. Es sah so aus, als unterhielte er sich mit dem Himmelskörper. Kurz darauf machte er einen zufriedenen Eindruck.

Mutter: »Warum scheint sie denn nun! Hast du es herausgekriegt?«

Rolf: »Frag sie doch selbst!«

N. N.

Jana stößt mit Schwung die hintere Autotür auf.

Die berührt ein daneben parkendes Auto. Der Besitzer brüllt sie an.

Jana sieht ihm fest in die Augen, streckt ihm die Zunge heraus, dreht sich um und geht.

(Das gegnerische Auto hat keinen Kratzer!)

Hans-D. Zeuschner

➤

Lara tobt gern mit ihrem großen Bruder draußen herum. Wenn sie mit ihren Skatern über die Straße flitzt, sagen die vorübergehenden HundeausführerInnen gelegentlich:

»Guck mal, der kann aber schon fahren!«

Daraufhin schreit Lara hinterher:

»Ich bin kein Junge, ich bin ein Mädchen!«

Kurz vor Karneval schauen wir Kostüme an.

»Na, Lara, als was möchtest du dich im Karneval verkleiden?«

Lara zeigt dann fest entschlossen auf eine kleine süße Ballerina, ganz in rosa:

»Ich möchte als das Mädchen gehen!«

Gudrun Sonntag

➤

Ich hatte Teewasser aufgesetzt und war ins Wohnzimmer gegangen.

Jürgen kam rein: »Dein Wasser kocht!«

Ich sagte, das könne doch nicht sein.

Jürgen: »Mama! Großer Rauch und kleine Kugeln kommen raus.«

Sieglinde Renz

25

Edi liebt das Frühstück am Sonntagmorgen.

Wir hatten uns am Samstag einen Toaster gekauft, worunter sich Edi bis zu diesem Frühstück nicht viel vorstellen konnte.

Nach dem ersten Bissen:

»Mami, ab heute will ich immer vertostete Stullen.«

Kerstin Fay

➤

Anne kommt mit einem Büschel unreifer Johannisbeeren zu uns auf die Terrasse.

»Wie schade, daß du sie gepflückt hast«, sage ich zu ihr, »man kann sie doch noch gar nicht essen, sie müssen erst rot werden.«

»Dann hänge ich sie schnell wieder hin.«

Heide Siegmon

➤

Vor einigen Wochen saß ich mit Pauline im Café. Wir warteten auf unsere Bestellung. Ich bemerkte, wie Pauline einen Kaugummi aus dem Mund nahm und unter den Tisch kleben wollte.

»Du darfst ihn da aber nicht hinkleben!«

»Wieso? Der Kaugummi war doch da!«

Bettina von der Au

➤

Ich mache zum erstenmal Sauerkrautpfannkuchen: geriebene Kartoffeln mit Sauerkraut.

Bei Tisch frage ich: »Schmeckst du eigentlich raus, was da noch drin ist?«

Schweigen. Kauen.

Ich setze nach: »Rate mal!«

Schweigen.

Dann sagt Dan ernst:

»Papa, da ist Ratemal drin!«

Hannelore Gleim

➤

Taci hat Schnupfen. Die Oberlippe zeigt bereits eine rötliche Färbung.

Die Mutter streicht Creme darauf. Dann läuft das Näschen wieder.

Taci bemerkt, daß ihre Lippen feucht werden: »Mami, komm schnell, Creme taut auf!«

Harry Orzechowski

➤

Leo weiß, daß Oma im Krankenhaus ist:

»Mama, wenn Oma repariert ist, kommt sie dann wieder nach Hause?«

Ruth Schulz

➤

Edis Turm fällt zum viertenmal zusammen.

Ärgerlich schreit er: »Das kann doch nicht wohl wahr sein!«

Kerstin Fay

➤

Vater wollte Berti das Rechnen beibringen.

»Berti, ich geb dir 3 Schokoriegel. Dann nimmt dir dein Bruder zwei weg! Wie viele hast du noch?«

Berti überlegte nur kurz: »Einen, Papa!«

»Und wenn ich dir vier dazugebe?«
Berti: »Oooh! Dann freu ich mich!«

Sabrina Zink

>——

Feli hat große Angst vor Gewittern.

»Jetzt hab ich keine Angst mehr, überhaupt nicht mehr.«

»Wie kommt denn das?«

»Ach Mama, die Wolken geben doch nur ein Konzert. Hörst du nicht die Wolkenmusik und die große Pauke?«

Gabriele Klink

>——

Susanne ist zum erstenmal am Meer.

»Papi, und wo ist der Stöpsel?«

N. N.

>——

Auf dem Rummelplatz wollen die beiden Autoscooter und mit dem Riesenrad fahren.

»Computer« und »Windrad«.

Hans-D. Zeuschner

>——

Sonntag. Die Familie saß beim Frühstück zusammen. Heitere Stimmung.

Irgendwann begannen die Glocken der Kapelle zu läuten. Plötzlich stand Karsten auf und schlug mit der Faust auf den Tisch und brüllte:

»Und die Glocken läuten nicht!!!«

Gerd Müller

»STEHEND FREIHÄNDIG
UND MIT AUGEN ZU«

»Seiße«

Die Fahrt auf der Autobahn dauerte lange. Es war
heiß. An irgendeiner Raststätte machten wir halt.
Dagmar aber war eingeschlafen. Von der Unter-
haltung ihrer Eltern wurde sie geweckt. Sie beta-
stete ihre Hose:

»Oh, Mama!!! Ich hab vielleicht geschwitzt!«
Dagmar hatte in die Hose gemacht.

Gisela und Klaus Boettcher

Das Wetter war herrlich. Wir waren draußen und
spielten mit Edi »Fangeball«. Edi hatte immer gro-
ßen Spaß daran. Heute paßte er nicht auf, traf ihn
der Ball auf die Nase.

Erschrocken sagte er: »Oh! Beinahe wär die
Nase abgefallen!«

Kerstin Fay

Jana hat Durchfall.

»Mama, Mama! Ich muß dringend«, kommt sie
ins Ferienhaus gestürmt.

Kurz darauf: »Is schon was drin, so ne Seiße!«

Hans-D. Zeuschner

»Papa, weißt du, daß ich schon so viel Kacka machen kann, daß ich deinen ganzen Zahnputzbecher vollkriege?«

Papa steht auf und rennt geschwind ins Bad.

Werner Plum-Schmidt

Doris war dabei, es ohne Windeln zu probieren.

Ich erwischte sie dabei, wie sie breitbeinig in der Toilette stand und auf den Boden Pippi machte.

Ich rief laut: »Ach. Scheiße!!!«

»Angelogen! Angelogen! Das ist ja Pipi!«

Ursula Lübbers

Eines Tages, kurze Zeit nach unserem Urlaub in Holland, ging es Luisa offenbar nicht so gut.

»Geht es dir nicht gut?«

Seufzend meinte sie: »Ach, ich hab meine Tage!«

Als ich sie am Abend in die Badewanne steckte, sah ich, daß ihr Po verändert war.

Ich fragte: »Da sind lauter Pickel an deinem Po. Wo kommen die denn her?«

Luisa müde: »Aus Holland.«

Marion Borgmann

Eines Tages kam sie nach Hause und sagte zu ihrer Mutter:

»Aaschloch, Aaschloch!«

Der Ehemann schlug vor:

»Frage sie doch, was ein Aaschloch ist!«

Als Susanne wieder einmal nach Hause kam und ihren älteren Bruder mit dem Wort traktierte, fragte ihre Mutter:

»Susanne, was ist denn ein Aaschloch?«

Susanne kicherte und gackerte:

»Asche im Loch, Asche im Loch...!«

Ursula Lübbers

Jochen hatte mitbekommen, daß er mitten in der sogenannten Sauberkeitserziehung war. Eines Tages stand er vor der Kloschüssel und sagte stolz:

»Jetzt kann ich stehend freihändig und mit Augen zu!«

Gerd Müller

Ole sitzt am Wochenende mit Mutter in der Badewanne.

Er rückt näher an sie heran und tröstet sie mit den Worten:

»Sei nicht traurig, Mami! Wir bestellen dir einfach einen Pipimann beim Otto-Versand!«

Sabrina Zink

Ich hatte damals lange, rotlackierte Fingernägel.

»Mami, deine Fingernägel sind zu lang! Die mußt du mal wieder abknabbern!«

Kerstin Fay

Mein Vater war ein sehr frommer Mann. Die Bibel lag stets griffbereit auf seinem Nachtschränkchen. Mein Kinderbett stand im elterlichen Schlafzimmer.

Mit dem Nachttopf konnte ich schon ganz selbständig umgehen. Da brauchte ich meine Eltern auch nicht zu stören. Ein Gutes hatten meine Bauchschmerzen und das, was sich als die sichtbaren Folgen im Töpfchen zeigten: Ich durfte zu meinem Vater ins Bett krabbeln und mir den Bauch streicheln lassen.

Und da hat er mich dann ganz leise gefragt:

»Hast du dir auch den Popo abgeputzt?«

»Ja, mit dem Jesus-Papier.«

Johannes Bär

»LAUTER KLITZEKLEINE MAMAS«

Edi kommt in die Küche, in der seine Mutter das Essen zubereitet. Er stellt sich zu ihr an den Herd und sagt:

»Hör jetzt mal auf mit dem Räuchern, ich hab Hunger, Mami!«

Kerstin Fay

Mutter: »Sag mal, ist das denn wirklich wahr?«

Luisa standfest: »Nein, nein! Ich hab dich verspaßvogelt!«

Marion Borgmann

Tag für Tag wartete sie ungeduldig auf ihr Geschwisterchen. Eines Tages wurde es ihr dann zuviel, und sie forderte die Mutter energisch auf:

»Ach Mami, dann bär uns endlich ein Kaninchen.«

Ursula Teichmann

Wir hatten uns gebalgt und geneckt. Nach einer kleinen Pause sagte er:

»Ich bin der Schöne – du bist das Biest!«

Marion Borgmann

Mutter: »Nein. Dein abgebissenes Brot eß ich nicht auf.«

Holger nimmt die Brotscheibe in die Hand und beißt sorgfältig das Abgebissene heraus.

»So, hier! Nun kannst du's essen. Ich hab's abgeeßt!«

Marianne Rinderspacher

Ich fuhr mit Jürgen an der Schule vorbei, in die ich als Kind gegangen war.

Jürgen erinnerte sich eines Tages, als wir vorbeifuhren:

»Gell, da sind lauter klitzekleine Mamas drin!«

Sieglinde Renz

Mittagessen.

Seine Mutter fordert ihn auf, endlich mit dem Essen anzufangen.

Edi: »Aber ich möcht lieber verhungern. Kann ich, Mami?«

Kerstin Fay

Mutter vom Einschlafen der Tiere:

»Jedes Bienchen findet sein Plätzchen.

Jedes Füchslein findet sein Plätzchen,

jedes Rehlein und jedes Häschen findet sein Plätzchen ...«

Pit nahm noch einmal seinen Daumen aus dem Mund und fragte:

»Mami, hast du denn auch noch ein Plätzchen für mich?«

N. N.

Ulf war die letzten Wochen trotz des schönen Wetters häufig erkältet. Die Mutter hatte ihm mehrere Male eingeschärft: »Immer wenn du hinausgehst, mußt du deine Wollmütze aufsetzen.«

Eines Tages hatte sich der Vater entschlossen, mit den Kindern ins Freibad zu gehen.

Als alle beisammen waren, schlug der Vater vor, ins Wasser zu gehen. Flugs wickelte Ulf aus, was er mitgebracht hatte: Er setzte seine Wollmütze auf.

Dr. Norbert Heimken

»EURE HÜHNER SIND WIE DIE HÜNDE.«

Diana weint, sie ruft:

»Mama, der Hund hat mein Eis gefressen, ohne zu fragen.«

Wir kommen und wollen gerade den Hund ausschimpfen, da schluchzt sie:

»Nicht schimpfen. Bulli hat mir ein Küßchen gegeben und Danke gesagt!«

Gabriele Klink

➤

Jürgen: »Mama! Ist ein Wolf ein Tier?«

Ich: »Ja!«

Jürgen: »Und ein Vogel?«

Ich: »Auch!«

Jürgen: »Und ein Jäger?«

Ich: »Das ist ein Mensch!«

Jürgen: »Und Zäune?«

Mir blieb die Spucke weg.

Sieglinde Renz

➤

Die Kuh hatte für ein paar Augenblicke den Schwanz aufgerichtet.

Steffie (4 Jahre) sagte: »Schau mal, Mama! Die hat einen Schwanz auf dem Rücken.«

Robert, der Jüngste, entgegnete ihr: »Das ist doch nicht der Schwanz, das ist der Rüssel.«

N. N.

Unsere Kinder sahen zum erstenmal, wie eine Kuh gemolken wird. Als die Bäuerin mit dem Melken fertig war, entdeckten die Kinder den Melkhocker. Desiree:

»Setzt sich da nun die Kuh drauf zum Ausruhen?«

Gabriele Klink

———➤

Von ganz nah haben unsere Kinder keine leibhaftige Kuh gesehen. Da kommt eine mächtige Kuh direkt auf uns zu und hält wenige Schritte von uns entfernt neugierig an.

Desiree entzückt: »Papi, guck mal, die Kuh hat ihre Hand unter ihrem Bauch versteckt und winkt mir zu.«

Gabriele Klink

———➤

Jana hält die Katzenmutter im Arm, die ihre drei Jungen durch den Marder verloren hat.

»Macht nichts. Morgen kaufen wir dir drei neue.«

Hans-D. Zeuschner

———➤

Herbert sieht im Fernsehen *Im Dutzend billiger:*
»Du, Mutti, haben die eigentlich ihren eigenen Storch?«

Hans-D. Zeuschner

Durch Zufall entdecken unsere Kinder, wie auf dem Bauernhof ein geschlachtetes Huhn gerupft wird. Desiree zu der Bauersfrau:

»Du, ziehst du die Hühner nachher, wenn sie gebadet haben, wieder an? Sonst erkälten sie sich.«

Gabriele Klink

➤

Erwin verkündet dem Onkel:

»Eure Hühner sind wie die Hünde, die legen auch keine Eiern.«

Ursula Teichmann

➤

Hanna ist bei der Taufe ihrer Cousine dabei. Ihr Vater hebt sie hoch, damit sie alles sehen kann.

Hanna schaut ins Taufbecken und ruft:

»Papa, da sind ja gar keine Fische drin!«

Bärbel Baucks

➤

»Wir waren im Geschäft und haben Futter für die Fische gekauft.«

»Oh, hast du denn Goldfische zu Hause?«

»Nein, aber meine Mama hat Silberfische!«

Kornelia Richter

»ICH HAB ZWEI PAPPEN.«

»Hast du eigentlich noch Geschwister, kleines Fräulein?«

»Nein, ich bin alle Kinder. Wir sind noch nicht so lange verheiratet.«

Hans-D. Zeuschner

➤

Als der kleine Jonas gefragt wird, ob er noch Geschwister habe, antwortet er:

»Ich habe noch eine Schwester – meine Mama hat doch nur zwei Busen!«

Gisela Ewert-Kolodziej

➤

Papa wollte nach der Arbeit zum Friseur gehen. Ich bereitete Jügen auf den veränderten Vater vor:

»Papa war beim Friseur, mußt mal gucken. Das ist ein ganz neuer Papa, der heute abend kommt!«

Jürgen: »Und wo ist der alte?«

Sieglinde Renz

➤

Jürgen war krank. Er hatte zwei Kilo abgenommen und wollte und wollte nichts essen. Ich färbte ihm ein Ei mit Osterfarbe. Er erkundigte sich nach den Farben.

»Giftfarben!« sagte ich, damit er nicht auf die Idee kamm, sie zu trinken.

»Aber Gift mag der Jürgen nicht essen!«

Sieglinde Renz

Ich putze Jürgen die Ohren:

»Du liebe Zeit! An jedem Ohr hast du einen Mitesser.«

Jürgen: »Mit Tisch?«

Sieglinde Renz

➤

Jürgen will wissen: »Gell Mama, du wirst nix mehr, und du, Papa, du wirst auch nix mehr. Bloß ich!«

Fast beleidigt frage ich: »Warum denn nicht?«

Jürgen meint: »Weil du schon groß bist – und ich noch klein!«

Sieglinde Renz

➤

Jana ist sauer: »Alter, alter Opa!«

Opa: »Alte, alte Jana!«

Jana: »Ich bin nicht alt, ich bin neu!«

Hans-D. Zeuschner

➤

Letztens rufe ich bei meiner Tochter in Celle an und habe meine kleine Enkelin Maria an der Strippe.

»Maria, guten Morgen, was machst du? Spielst du schön?«

»Nein!«

»Frühstückst du denn?«

»Nein!«

»Hilfst du deiner Mama?«

»Nein!«

»Ja, jetzt sag mir doch, was machst du?«

»Ich telefoniere!«

Josefine Konietzko

Ihr Blick fiel auf das Foto meines Mannes, das an der Wand über ihrem Bett hing. Sie sah vom Foto zu ihrem Papa und wieder zurück. Erfreut stellte sie dann fest:

»Mama, ich hab zwei Pappen!«

Franziska Köhler

➤

Eines Tages erkläre ich ihm, daß Opa Fay der Vater von Papa ist.

Edis Schlußfolgerung: »Und ich bin auch Papas Opa Fay mein Vater!«

Kerstin Fay

➤

Eines Tages hörte er einen Erwachsenen auf der Straße »Scheiße« brüllen.

Edi teilte mir seine Schlußfolgerung mit:

»Aha! Scheiße darf man erst sagen, wenn… wenn … wenn man groß ist!«

Kerstin Fay

➤

Eine Erzieherin sagte, Annette sei krank.

Doris empört: »Annette ist doch ausgekrankt, sie hat doch nur noch einen Husten!«

Ursula Lübbers

➤

»Und wenn ihr gut zuhört«, kündigte die Großmutter die Geschichte »Der Sänger im Wald« an, »dann findet ihr heraus, wer da im Wald so schön singt.«

»Das weiß ich«, rief Teresa. »Das kann nur der Michael Jackson sein!«

Josefine Konietzko

Wir stehen vor einem Geschäft. Natürlich hat Holger seine Vorstellungen, was er gerne haben möchte.

Ich sage ihm: »Man kann nicht alles haben, was einem gefällt. Man guckt sich das an und freut sich, und dann ist es gut.«

Holger: »Nein, dann kriegt man das zu Weihnachten!«

Marianne Rinderspacher

Im nahegelegenen Wurmbach wurde Schützenfest gefeiert. Wir machten uns auf den Weg, um den »Schützenzug« zu erleben.

Es war ein farbenprächtiges und beeindruckendes Bild. Bunte Uniformen, wehende Traditionsfahnen, schöne Mädchen, Musikkorps mit Pfeifen und Trommeln. Die Zuschauer waren begeistert – bis auf unseren Sohn Martin.

Wir fragten ihn, ob er sich nicht gefreut habe.

Martin: »Nein! Der Zug hatte gar keine Lokomotive. Jeder Zug hat doch eine Lokomotive!«

Wilhelm Schürmann

Unsere Tochter entdeckt einen Afrikaner am Strand, schaut ihm lange und nachdenklich nach und meint: »Du, der tut mir aber leid!«

»Warum denn?«

»Du Mama, wir liegen doch in der Sonne, weil wir braun werden wollen?«

»Ja, so ist es!«

»Du Mama, der Neger da, gell, der muß sich in den Mondschein legen, dann wird er ganz weiß!«

Gabriele Klink

Kurz vor dem Bahnhof wird Hans-Dietrich mit einem Köfferchen in der Hand wieder eingefangen.

»Wo willst du denn hin?«

»Oma, Oma fahren!«

»Du hast doch gar kein Geld!«

Hans-Dietrich zeigt seine Schokoladentaler.

Hans-D. Zeuschner

Wir essen in einem Restaurant. Es ist Ferienzeit. Am Nebentisch nimmt eine Familie mit einem kleinen Mädchen Platz.

Unsere Tochter sagt: »Du Mama, das Kind neben uns hat aber einen ganz dicken Papa!«

Sie denkt laut nach: »Ich weiß, warum dem Kind sein Papa so dick ist; dem Kind sein Papa ist so dick, weil das Kind auch nicht immer seinen Teller leer ißt!«

Gabriele Klink

Peter hatte mittags und abends stets wenig Appetit, weil er in der Nachbarschaft mit viel Charme Süßigkeiten erbettelte. Meine Mutter bat daraufhin die Nachbarn, ihm nichts mehr zu naschen zu geben.

Eines Tages aber erschien er wieder bei einer Nachbarin und verlangte nach Salzstangen.

Die Nachbarin: »Ich soll dir nichts zu essen geben, hat deine Mutter gesagt.«

»Ich brauche nur zwei Stück, um dir zu zeigen, wie man strickt.«

Sie gab ihm also die gewünschten beiden Salzstangen, er klapperte ein wenig damit herum.

»Und nun muß ich sie doch aufessen, weil ich sie ja angefaßt habe.«

Heidi Siegmon

»PAPI, JESUS
UND DER NEGER«

Heinrich sagt zur Mutter, als er Vater am Strand in der Badehose sieht:

»Papi hat nen Drückeberger in der Hose!«

Hans-D. Zeuschner

➤

Fred ißt ein Stück von Omas Topfkuchen.

»Guck mal, Mami, wie in Papis Kopf!«

Mutter: »Was meinst du damit?«

Fred: »Was du immer sagst, hier sind doch auch Rosinen drin.«

Hans-D. Zeuschner

➤

Oma erzählt Jürgen viel aus der Bibel.

Bei einem Spaziergang kann er nicht mehr gehen, ist müde und will, daß Oma ihn trägt.

Oma weigert sich.

Jürgen protestiert: »Aber die Maria hat doch das Jesuskind auch getragen!«

Sieglinde Renz

➤

Elfie: »Guck mal, Mutti, ein Schornsteinfeger!«

Mutter: »Das ist ein Neger, der ist am ganzen Körper schwarz.«

Elfie: »Hast du ihn schon mal ohne was gesehen?«

Hans-D. Zeuschner

Jana ruft den geliebten Großvater von der Nord-
see an.

»Opa, Opa! Du mußt kommen, ich hab solche
Seehund nach dir!«

Hans-D. Zeuschner

Ich war selbst ein wenig in Eile und bat Edi des-
halb: »Laß doch Rolf ein bißchen mitspielen.«

Edi aber wollte nicht: »Nö, Mama! Der knab-
bert immer alle Bausteine an!«

Kerstin Fay

Mama telefoniert mit dem Papa.

»Wo ist denn der Papa?«

»Na, auf Arbeit!«

»Der Papa soll nicht im Telefon arbeiten!«

H.-G. Scholz

4.
LEBENSJAHR

Wir waren am Genfer See zum Zelten. Als wir das Zelt aufbauten, wollte unsere Tochter Heringe mit dem Holzhammer in den Boden schlagen.

»Papa, kann ich auch mal Sardinen reinschlagen?«

Gabriele Klink

»DA IST ÖSTERREICH!«

Im Reisebüro. Ein Kunde holte ein dickes Bündel Geld aus der Innentasche der Jacke. So viel Geld hatte Willi noch nie auf einmal gesehen.

Willi packte seinen Vater heftig am Arm und sagte erregt, so daß es alle im Geschäft hörten:

»Oh, Mann! Papa! Ist das der 6-Millionen-Dollar-Mann?«

Sabrina Zink/Willi Bußmann

Urlaub an der Nordsee. Am Abend der Ankunft machte die Familie einen Spaziergang am Strand. Dieter saß auf Vaters Schultern.

Plötzlich rief er laut: »Schau mal, Papa! Da ist Österreich!«

M. Müller-Hinksen

Reisefieber.

Großvater zu Ralfs Mutter: »Leni, ich muß unbedingt meinen Personalausweis verlängern lassen.«

Ralf: »Wieso, Opa? Ist deiner denn nicht lang genug?«

Sabrina Zink

Nach einer Woche Krankheit sieht die Nachbarin unseren Sohn erst wieder und fragt, wo er gewesen sei; sie habe ihn »sieben kalte Winter« nicht gesehen. Ob er verreist gewesen sei?

Dan bejaht, obwohl es nicht stimmt.

»Wohin denn?« fragt sie weiter.

Dan: »Das weiß ich nicht mehr. Aber irgendwo werd ich ja gewesen sein.«

Hannelore Gleim

»MAMA, DAS BABY HAT SCHON DEN GANZEN MUTTERKUCHEN AUFGEGESSEN!«

Die Familie hat einen Ausflug zum FKK-Strand gemacht.

Die Tochter: »Taci hat Muschi, Mami hat Muschi, Papis Muschi hängt.«

Harry Orzechowski

>

Mutter schob sich einen Tampon in die Scheide.

Leo an der Tür zum Bad: »Mama, ich will auch eine Batterie haben.«

Ute Bertels

>

Julian, sein Freund Henning (beide 8 Jahre) und Lara spielen Geburt.

Lara kommt stolz mit ihrer Puppe im Arm aus dem Zimmer und sagt:

»Guckt mal, ich habe ein Baby bekommen, und es hat schon den ganzen Mutterkuchen aufgegessen.«

Gudrun Sonntag

>

Oma Herta sitzt mit ihrer Enkelin Maja in der Badewanne.

»Was hast du denn da?«

»Das sind meine Brüste!«

»Nein! Das stimmt nicht. Meine Mutter hat Brüste, du hast Keulen!«

Peter Hoffmann

➤

Ole sieht, wie sich die Eltern küssen. Er schüttelt sich.

»Puh! Ich heirate nie. Ich kauf mir lieber einen Hund!«

Sabrina Zink

➤

Die kleine Käthe hatte im Kindergarten aus Versehen in die Hose gemacht.

Als ich vorwurfsvoll fragte: »Ja, hast du das nicht rechtzeitig gemerkt?« kuschelte sie sich an mich und flüsterte: »Ich wollte doch bloß mal sehen, ob du olle Babies auch noch magst!«

Gabriele Klink

➤

Obwohl die Tochter schon über die Schwangerschaft der Mutter (prinzipiell) informiert ist, fällt ihr gerade an diesem Morgen der dicke Bauch der Mutter auf. Sie fragt danach.

Die Mutter antwortet: »Das weißt du doch, daß ein Kind darin ist.«

Tochter: »Das find ich aber gemein, Mama, daß du das Kind verschluckt hast.«

Anne Brinkmann

➤

Oma konnte Leo nicht jeden Tag versorgen. Außerdem hatte Leo auch Termine.

So sagte sie zu ihrem Enkel: »Und am Donnerstag bist du ja auch den ganzen Tag bei Sabine!«

Leo sagte empört: »Pah, die lieb ich doch gar nicht mehr!«

Ruth Schulz

>➤

»Oma, du kriegst bestimmt ein Kind!«

»Sag mal, wie kommst du darauf?«

»Weil ich dich so lieb habe – und wenn man sich lieb hat, sagt die Mama…«

Hans-D. Zeuschner

>➤

Donald hört im Radio ein Lied aus einer Operette.

»Mama, stimmt's, wenn da ne Frau kommt, dann fangen die Männer an zu singen. Und dann fallen sie um und wollen die immer heiraten?«

Cornelia Schmidt

>➤

Irgend etwas hatte ihr nicht gepaßt.

»Mami und Papi, ich hab euch nicht mehr lieb.«

Nach einer Weile: »Mami, Papi, ich hab euch doch wieder lieb.«

»Warum hast du dir das denn anders überlegt?«

»Allein kann ich mir kein Küßchen geben, und das schmeckt doch so lecker.«

Harry Orzechowski

>➤

Bibi darf am Samstagabend mit Vater duschen. Bibi rutscht aus – im letzten Moment kann sie sich am Penis ihres Vaters feshalten.

»Gut, Papa, daß du so einen Haltegriff hast!«

Sabrina Zink

Prüfend hob sie den Luftballon hoch, ließ ihn herabhängen und hielt ihn sich zwischen die Beine: »Papa!« lachte sie.

Harry Orzechowski

Silke: »Unsere Katze hat gestern Junge jekriegt, und ich war dabei!«

Traudel zu den Kindern: »Da hast du bestimmt jesehen, wie der Klapperstorch kam und die Kleinen jebracht hat!«

Silke: »So ein Blödsinn, von wejen Klapperstorch! Ausjeschissen hat se se!«

Peter Hoffmann

Felix weiß, wer die Kinder bringt. Er bittet die Mutter, den Babyausstatter mit der Storchreklame anzurufen, um die Bestellung aufzugeben.

Nach einiger Zeit vergeblichen Wartens nimmt Felix die Sache selbst in die Hand. Sonntags ruft er bei der Storchenfirma an – er erwischt den Anrufbeantworter.

Zu seinem Vater sagt er anschließend: »Die haben sicher Lieferschwierigkeiten!«

Hans-D. Zeuschner

Dem vierjährigen Peter wurde immer wieder erzählt, daß er vor seiner Geburt im Dorfteich gelegen habe und daß ihn sein Großvater auf die Welt holte, indem er den Jungen aus dem Wasser zog.

Peter sagte darauf, daß er sich gut an die Zeit im Teich erinnern könne und daß er dort Siegbert, den Nachbarjungen, gesehen habe.

Das freute die anwesenden Familienmitglieder sehr, und eine Tante fragte Peter, warum er denn nicht mal eine Karte geschrieben habe, damit alle wissen konnten, daß er irgendwann mal kommen würde.

»Das ging nicht«, erwiderte der Junge, »unter Wasser weicht doch das Papier auf!«

Peter Hoffmann

>———

Eines Tages dachte ich, du mußt doch mal ein anderes Gebet nehmen:

»Abends wenn ich schlafen geh, vierzehn Englein um mich stehn ...«

Unser Sohn war begeistert. Gut, dachte ich am nächsten Abend. Nimmst du wieder das neue Gebet.

»Nein«, sagte unser Sohn, »das nicht, Mama!«

»Warum nicht, es hat dir doch gestern so gefallen?«

»Wenn ich heut nacht Pippi machen muß, dann habe ich Angst, wenn die Engel alle im Zimmer sind.«

N. N.

»DER BLASIUS
KENNT MICH!«

Tante: »Als ich noch klein war, hat mir meine Mama bei rotem Himmel immer erzählt, jetzt backt das Christkind.«

Nick: »Du, sag mal, warum backt das Christkind eigentlich immer nur abends?«

Sonja Röder

➤

Abends zeige ich unseren beiden Töchtern Sternbilder, und wir suchen Sterne am nächtlichen Himmel.

»Papa, woher weißt du denn die Namen der Sterne? Hast du mit ihnen telefoniert?«

»Warum soll ich mit ihnen telefoniert haben?«

»Aber sonst wüßtest du doch gar nicht, wie die heißen. Wo die doch so weit von uns weg wohnen und wir sie noch nicht mal besuchen können.«

Gabriele Klink

➤

Oma holt Nico ans Fenster und sagt:

»Nico, guck mal! Ein Regenbogen!«

Der Junge holt sich einen Stuhl, kniet darauf, guckt und fragt:

»Und wo ist der sonst?«

Kornelia Richter

Wir kamen auf unserer Wanderung zu den japanischen Gräbern und beobachteten dort, wie eine alte Frau eine Schüssel voll Reis auf ein junges Grab stellte.

Rubin: »Was macht die Frau?«

»Sie bringt dem Toten Reis zum Essen.«

»Auch die Toten essen?«

»Ja, viele Völker geben ihren Toten etwas zu essen.«

»Aber essen die Toten das auch wirklich auf? Sie haben doch gar keine Hände, womit sie essen können. Die Toten brauchen nichts zu essen.«

»Doch, doch! Wenn du tot bist, dann ißt du von dem, was du anderen abgegeben hast, als du noch gelebt hast. Im Himmel hast du später so viel zu essen, wie du in deinem Leben für andere abgegeben hast.«

Als wir später mit der U-Bahn nach Hause fuhren, kam uns ein Bettler entgegen. Rubin reichte ihm, ohne zu zögern, den Rest seiner Tafel Schokolade.

Dr. Peter Schütt

➤

Jan wird gefragt: »Hat das Baby geweint, als der Pfarrer ihm das Wasser über den Kopf gegossen hat?«

»Nein, der Mann hat doch gesagt: Fürchte dich nicht.«

Ursula Teichmann

56

Andreas kam aus dem Kindergarten nach Hause und sagte aufgeregt zur Mutter:

»Morgen früh müssen wir im Kindergarten artig sein, morgen kommt der Blasius und gibt uns den Segen.«

Ein paar Wochen später war Familiengottesdienst. Der Pfarrer erzählte den Kindern:

»Stellt euch vor: Jesus hatte auf seiner Wanderung sehr viele Jünger bei sich. Alle hatten großen Hunger, aber es war nichts zu essen da. Petrus kam zu Jesus und sagte: ›Jesus, wir haben doch den Andreas bei uns – und der hat noch fünf Fische.‹«

Andreas drehte sich zu seinem Vater um und sagte:

»Papa, der Blasius kennt mich. Aber ich habe doch gar keine Fische.«

Albert Kopecky

＞

Bei der Beerdigung.

Florian: »Warum graben wir den Opa ein, wenn er doch schon beim lieben Gott ist?«

Leon Dries

＞

Katja geht mit den Eltern spazieren. Sie muß! Der einzig mögliche Ort ist der gegenüberliegende Friedhof. Nach kurzem Disput erlauben es die Eltern.

Als sie zurückkommt, sagt sie: »Ich hab auch ganz leise gepinkelt!«

Hans-D. Zeuschner

»... ESSE ICH DIE KNOCHEN AUCH NICHT!«

Auf dem Weg zum Kindergarten entsorge ich noch schnell das Altglas.

Hanna: »Aber Marmeladengläser brauchen wir weder wegwerfen noch eintauschen – denn Marmelade wächst bei uns im Keller.«

Gisela Ewert-Kolodziej

Martin sah ein großes Aquarium in der Wohnung unseres Freundes, er blieb fasziniert davor stehen. Nach einer Weile fragte er laut, so daß es alle verstehen konnten:

»Du, Papa! Werden denn die Schmitts von so kleinen Fischen satt?«

N. N.

Meine Frau brachte den Nachtisch: Vanille-Pudding mit Schokoladenstreusel.

Ich zu meiner Frau: »Ich möchte keinen Pudding, der hat so viele Kalorien.«

Andreas, indem er auf die Schokoladenstreusel deutete:

»Opa, die Kalorien kannst du ruhig mitessen.«

Albert Kopecky

Die Kinder saßen mit der Mutter beim Essen. Es gab Blumenkohl, den kein Kind gerne aß. Als Mutter ihren Sohn Michael aufforderte, nicht nur die Röschen herauszupicken, sondern auch den Strunk zu essen, schaute Michael zu seiner Schwester Karin (6 Jahre). Dann sagte er zur Mutter: »Wenn Karin bloß die Röschen ißt, esse ich die Knochen auch nicht.«

Gabriele Klink

➤

Samstags ist ein Mittagessen, das nicht viel Arbeit macht, gerade recht. Die Eltern einigen sich auf »tote Oma«, Kartoffeln mit geschmorter Blut- und Leberwurst.

Mittags sitzt die Familie am Tisch und ißt. Katja deutet auf ihren Teller und fragt:

»Welche Oma ist das denn nun, die aus Glebtizsch oder die andere?«

Peter Hoffmann

➤

Am begehrtesten waren Makkaroni. Als wir bei Oma zu Besuch waren, wurde unsere Tochter gefragt, welche Nudeln gekocht werden sollten.

»Schlürpsnudeln«, war die Antwort.

Die Großmutter war ratlos. Aber Desiree faßte Oma bei der Hand und ging mit ihr in den Keller.

»Siehste, du hast doch Schlürpsnudeln«, meinte sie begeistert und angelte ein Paket Makkaroni aus dem Regal. »Sonst kann ich doch die leckere Soße nicht ausschlürpsen.«

Gabriele Klink

Herta möchte eine Bratwurst kaufen und deutet auf ein kleines Exemplar. Als die Verkäuferin nach der gewünschten kleinen Wurst greifen will, ruft Susanne:

»Nein! Die nicht! Die soll noch ein bißchen wachsen!«

Peter Hoffmann

»OPA IST HIER JA KAPUTT!«

Opa, Oma und der Vater

Am Wochenende schläft Papa manchmal am Mittag. Wir sagen dann: »Seid leise, Papa sägt Bäume ab!«

An einem solchen Mittag riefen Freunde an, sie wollten den Vater sprechen. Unsere Tochter war blitzschnell am Telefon:

»Nein, der hat keine Zeit, der sägt gerade Bäume.«

Gabriele Klink

>

Mein Mann ist Lehrer. Er trägt Kontaktlinsen. Montags gab er damals Sportunterricht. Dann setzte er die Brille auf, wenn er zum Unterricht fuhr.

Unser Sohn bekam es mit und rief ihm nach: »Papa, Papa! Du kannst noch nicht fahren. Du hast deine Augen vergessen!«

N. N.

>

»Sag mal: Wie Papi!«
»Wipap!«
»Sag mal: Wie Papa!«
Sie ließ einen fahren. Dann: »Pup, wie Papa!«

Harry Orzeschowski

»Mann, kuck mal, der is ganz schön dick, der Elefant!«

Henrik: »Mein Papa is auch dick, aber das darf man nicht sagen!«

Rudi Faßbender

➤

»Mama«, fragt Julian, »wenn ich so groß bin wie der Papa, lebt dann der Papa noch?«

»Das wollen wir doch sehr hoffen«, antworte ich etwas verwundert.

Julian: »Aber, hmmm! Ja, dann… dann kann ich später ja gar nicht Papas Sachen anziehen!«

Gudrun Sonntag

➤

Auf einer Bank im nahen Wald sitzt ein Ehepaar. Ich setze mich mit meinem Enkel Georg dazu. Mein Schwiegersohn arbeitet als Jurist in einer Strafanstalt, meine Tochter ist Lehrerin.

»Oma, komm, wir spielen Fußball!«

Die ältere Dame neben uns mischt sich ein:

»Hör mal! Laß deine Oma ein wenig sitzen und spiel alleine!«

»Will ich aber nicht!«

»So, dann kann doch deine Mutter mit dir spielen.«

»Kann sie nicht, die ist doch in der Schule!«

»Dann spiel doch mit deinem Papa!«

»Ach der! Der ist doch immer im Knast!«

Johanna Weishaupt

Auf der Terrasse befindet sich das Nest eines Rot-schwänzchens.

Ulrike: »Wo sind die Vögel denn in der Nacht?«

Die Mutter: »Der Vogelvater hat neben dem Nest geschlafen und die Mutter saß darauf.«

Ulrike: »Wo, auf dem Vater?«

Vera Krumsee

➤

»Papa, wo ist denn der Besen für die Haare?«

Gisela Schalk

➤

Ich mußte das Auto ein paar Meter vor dem Haus meiner Mutter parken.

Ich hatte kaum den Motor abgeschaltet, als Martin ausstieg und zum Eingang rannte. Er schellte an der Tür. Meine Mutter kam heraus und bemerkte, daß Martin gerannt war.

»Warum rennst du denn so schnell?«

»Da bin ich doch schneller bei dir!«

Meine Mutter war hocherfreut: »Oh, Oh! Du bist aber ein kleiner Diplomat!«

Martin entrüstet: »Aber nein, Oma! Ich bin ein Porsche!«

N. N.

➤

Nico hat gelernt, mit gespitzten Lippen zu pfeifen. Stolz geht er zu seinem Onkel:

»Hör mal – ich kann pfeifen! Bei meiner Mama und meiner Oma kommt nur Luft raus.«

Kornelia Richter

Oma Herta und Maja sitzen bei einem Puzzle zusammen. Die Großmutter stellt sich unwissend:

»Wie geht das nur, wie geht das nur...?«

»Oma, laß mich das machen! Ich zeig dir mal, wie das geht.«

Peter Hoffmann

Oma hat das Telefonat beendet und sagt zu ihrer Enkelin:

»Maja, wenn deine Oma telefoniert, dann darfst du aber nicht dazwischenreden, sonst höre ich nicht, was im Telefon gesprochen wird.«

Maja: »Aber Oma! Du hast doch zwei Ohren!«

Peter Hoffmann

Herta zur Enkelin: »Die Sina, die wird auch immer hübscher!«

Maja: »Warum?«

»Na, weil sie halt freundlich ist und soviel lacht.«

Maja saß eine Weile auf dem Kindersitz des Fahrrads.

Dann begann sie plötzlich zu lachen: »Hahahaha ...!«

Peter Hoffmann

Tante Herta und Neffe Peter sind mit dem Fahrrad unterwegs. Peter sitzt auf dem Kindersitz und nörgelt. So ist es kein Wunder, daß er schon wieder sagt: »Ich muß mal!«

Herta: »So, mach's gut! Ich fahre jetzt nach Hause!«

Peter: »Einmal nehme ich dich noch mit, Tante Herta, aber dann nicht wieder!«

Peter Hoffmann

>

In einer Seitenstraße sahen wir einen eleganten amerikanischen Schlitten.

Martin: »Was ist das für ein Auto?«

Ich erklärte meinem Sohn, daß es ein amerikanisches Auto sei.

»Wenn ich groß bin, kaufe ich mir auch so ein Auto!«

Ich sagte, dann müsse er aber in der Schule gut aufpassen und viel lernen. Ein paar Meter weiter blieb Martin stehen.

»Papa, hast du in der Schule nicht aufgepaßt?«

»Wie kommst du darauf?«

»Du hast kein amerikanisches Auto!«

N. N.

>

David saß hinter seinem Großvater im Auto und streichelte dessen Glatze.

David: »Oh! Nein! Opa ist hier ja kaputt!«

Kerstin Fay

>

Wir saßen im Wohnzimmer. Es regnete sehr. Ulrike sah aus dem Fenster.

»Ein Glück, daß Opa tot ist, da hat Papa wenigstens seinen Schirm im Auto!«

Vera Krumsee

Opa hatte Geburtstag.

Freudestrahlend rannte die Enkelin auf den heißgeliebten Opa zu und gab ihm ein Küßchen, die Blumen fest in der Hand. Als Opa den Strauß nehmen wollte, drehte sie sich um, rannte zu Oma, drückte ihr den Blumenstrauß in die Hand und rief:

»Der Opa hat schon so viele Sachen, und die Oma habt ihr einfach vergessen.«

Gabriele Klink

»ICH HAB DIE IDEE JA IN ALLEN ZÄHNEN.«

Angewandte Philosophie

Kerstin kommt mit Großvater an einem Gedenk-
stein vorbei.

»Was ist denn das?«

»Ein Denkmal!«

»Dann muß ich jetzt erst denken!«

Ursula Teichmann

Eine Gruppe mongoloider Männer betrat das
Lokal. Felix sah neugierig hinüber. Dann rief
er: »Wißt ihr was? Ihr müßt mal alle zum Arzt
gehen.«

Anja Ulbig

Die Familie hat Gäste. Eine ältere, vornehm aus-
sehende Dame fragt ihn:

»Wie heißt denn du, kleiner Mann?«

»Ich heiße Volkmar – aber mit vollem Mund
spricht man nicht!«

Margot Michel

Weihnachtseinkauf mit Mutter. An den Kassen
gibt es lange Warteschlangen.

Lauthals ruft Volkmar: »Mutti, kannst vorkom-
men, ich bin schon an der Kasse!«

Die Mutter antwortet: »Das darf ich nicht. Dann schimpfen die Leute mit mir. Man darf sich nicht vordrängeln!«

Volkmar: »Ich hab mich nicht vorgedrängelt. Ich hab die bloß alle überholt!«

Margot Michel

➤

Henrik sitzt im Kindersitz hinter dem Lenker, das Gesicht in Fahrtrichtung. Henrik beobachtet den Jogger. Dann sagt er leise:

»Papa«, sieht zu mir hoch und fährt fort, »ich glaub, der sucht seine Eltern.«

Rudi Faßbender

➤

Wir fahren zum erstenmal mit einer Zahnradbahn zu einer Burg hinauf. Als wir am Ziel aussteigen, geht unsere Tochter in die Hocke und späht angestrengt unter den Wagen.

»Was suchst du da?« frage ich.

Enttäuscht steht sie nach einiger Zeit auf:

»Ihr habt mich angeschwindelt. Die hat gar keine Zähne!«

Gabriele Klink

➤

Auf dem Heimweg – zur Tante – mit quatschnassen Turnschuhen:

»Das hast du davon, daß du mir erlaubt hast, am Brunnen zu spielen!«

Sonja Röder

Am Telefon ist der Sohn, den die Anruferin nicht persönlich kennt.

»Guten Tag, hier ist Annegret! Ist deine Mama da?«

»Nein.«

»Wo ist deine Mama denn?«

»Im Keller.«

»Kannst du die Mama mal holen?«

»Warum?«

»Weil ich der Mama was erzählen will.«

»Warum willst du der Mama was erzählen?«

»Weil die Mama das wissen muß.«

»Warum muß die Mama das wissen?«

»Damit die Mama das und das vorbereiten kann.«

»Warum muß die Mama das vorbereiten?«

»Paß mal auf, jetzt hol mir mal die Mama ans Telefon!«

»Warum?«

»Weil ich die Mama sprechen will.«

»Warum?«

»Jetzt geh bitte in den Keller und sag der Mama, daß die Annegret am Telefon ist!«

»Heißt du Annegret?«

»Ja!«

»Warum heißt du Annegret?«

Kornelia Richter

➤

Im Kindergarten geht Martin auf die Toilette der Erzieherinnen.

Jenniffer sieht ihn herauskommen und erklärt ihm:

»Da dürfen wir doch nicht drauf. Das ist doch für Menschen!«

Vera Krumsee

➤

Wandertag im Kindergarten. Eine junge Erzieherin begann beim Bergaufstieg fürchterlich zu schwitzen.

Gerhard zu einem anderen Kind: »Schau mal, der Gerda kommen die Tränen aus dem Haar!«

A. Bühne

➤

Ulrike kullert mit der Zitrone in der Hand auf dem Fußboden umher.

Die Mutter nimmt sie ihr mit den Worten:

»Das darf man nicht. Die Zitrone wird dann bitter, und man kann sie nicht mehr essen.«

Ulrike darauf: »Aber die ißt doch sowieso kein Mensch!«

Vera Krumsee

➤

Mutter: »Anja, zieh dir sofort die Hausschuhe an. Du erkältest dich und bekommst Husten!«

Anja erstaunt: »Hustet mein Mund oder husten meine Füße?«

Peter Hoffmann

➤

Diesmal will Dan nicht selbst radfahren, sondern nebenherlaufen wie der Hund. Er versucht, mir das mit vielen Worten schmackhaft zu machen, wohingegen ich es ihm ausreden möchte.

So sage ich zu ihm: »Den Zahn laß dir man ziehen!«

Dan: »Ich hab die Idee ja in allen Zähnen!«

Hannelore Gleim

➤

Wieder einmal war es spät geworden, doch unsere Feli wollte noch nicht ins Bett.

»Bin kein bißchen müde«, obwohl ihr die Augen immer wieder zufielen.

Und kurz darauf war sie eingeschlafen. Wir legten sie dann in ihr Kinderbett, doch sie war sofort wach.

»Ich hab gar nicht geschlafen, ich bin gar nicht müde, mein Auge hat bloß mal kurz ausgeruht.«

Gabriele Klink

➤

An einem Nachmittag, während meine Tochter Nele und ihre Freundin wieder einmal bei uns spielten, kamen sie zu mir und verlangten etwas zu trinken.

»Du, Helena, wie alt bist du eigentlich?«

»Papa, das kann ich dir genau sagen. Er ist 4 Jahre alt.«

»Das heißt nicht er, sondern sie ist vier Jahre«, korrigierte ich meine Tochter.

»Papa, zu Helena muß ich nicht ›Sie‹ sagen, die kenne ich doch schon sooo lange.«

Tony Gehling

Patrick ist schon zur Schule gegangen. Domi nuk-
kelt noch ein wenig im Bett, er genießt es, daß er
noch bei mir ist.

»Mama, weißt du, von was es hier wimmelt?«
»Nein!«
»Von Ruhe!«   *Karin Schardt*

>

»Papi, ich bin die Lokotive.«
»Du bist eine Lokomotive.«
»Nein, ich bin eine Lokotive.«
»Das heißt Lokomotive.«
»Dann bin ich eben eine Eisenbahn.«
                                          Harry Orzechowski

>

Donald kommt zu mir. Er ist nervös, denn er hat
etwas im Auge.

»Sei bloß vorsichtig, Mama, Augen sind sehr,
sehr nützlich!«
                                          Cornelia Schmidt

>

Eine Nachbarin hat im Treppenhaus erzählt, es
gebe einen Krimi, *Der Alte*, im Fernsehen. Nach
einer Weile wird Maja unruhig und fragt beim
Anblick einer Schauspielerin:

»Stimmt's, Oma, das ist die Frau Krimi?«

Oma bejaht, und Maja blickt weiter in Rich-
tung Röhre.

»Stimmt's, Oma, die heißen dort alle Krimi?
Dann kannst du mir lieber was vorlesen!«
                                          Peter Hoffmann

Julchen reinigt gehorsam ihre Hände und klettert in Tante Heidis neues Auto. Es dauert eine Weile, bis Tante Heidi und Julchen zurückkommen. Julchen habe brav im Auto gewartet, sagt die Tante. Aber es ist merkwürdig: Julchen will nicht mit uns Kaffee trinken.

Drei Tage später meldet sich Tante Heidi aufgeregt.

»Nein! So etwas kann doch nur eurer Jule einfallen! Unser schönes neues Auto!«

Allmählich stellt sich heraus, daß Jule unter die Sitzmatten vor den Rücksitzen ein Häufchen gelegt hat – und die Matte darüber, um das Geschäft ungesehen zu machen. Tante Heidi behauptet, sie habe bereits daran gedacht, das Auto dem Händler zurückzugeben.

Nun frage ich meine Tochter, was sie sich dabei gedacht hat.

»Aber Tante Heidi hat mir doch verboten auszusteigen – und du hast mir verboten, in die Hose zu machen!«

Else Bechstein

➤

»Los, hol den Ball. Du hast ihn doch weggeworfen!«

»Ich kann ihn nicht holen. Der Wald kitzelt so!«

Karin Schardt

Der Großvater wollte Dennis eine Freude machen und seine Beziehungen zu einem Baggerführer namens Hülsenbeck nutzen, um dem Enkel ein echtes Baggererlebnis zu verschaffen. Tagelang vor dem geplanten Mitfahrtermin spielte Dennis mit seinen Mini-Autos schon Baggerführer Hülsenbeck in seinem Kinderzimmer. Mein Mann hatte in einer alten Schublade einen kleinen Sandkasten angelegt, in dem er mit seinen Matchbox-Autos spielen konnte. Diese Schublade stand auf seinem Kindertisch. Da das Kinderzimmer aber mit Teppichboden ausgelegt war, hatten wir Dennis ermahnt, beim Schaufeln mit dem Bagger darauf zu achten, den Sand nur auf die Tischplatte fallen zu lassen – wenn möglich, sollte er in der Schublade bleiben.

Nach einer halben Stunde schaute ich ins Kinderzimmer und sah, wie Dennis seelenruhig mit seinem Bagger den Sand aus der Schublade auf den Teppichboden schaufelte, wo schon zwei Drittel des Sandes lagen.

Auf meine Frage, ob er nicht wisse, daß er das doch nicht tun sollte:

»Na klar! Mama, *ich* weiß das schon – aber der Herr Hülsenbeck, der auf meinem Bagger sitzt, der weiß nicht, daß man den Sand nicht auf den Boden schütten darf!«

Mechthild Leskau

»DU HÄNGEBAUCH-
SCHWEIN!«

Tier- und Pflanzenkunde

Volkmar trinkt und trinkt, aber er sagt nicht
Danke!

Die Nachbarin: »Volkmar, ich höre nichts!«

Nach mehrmaligem Wiederholen des Satzes sagt
Volkmar: »Hörst du nicht die Vöglein zwitschern?«

Margot Michel

Eines der größten Schafe kommt bedrohlich dicht
an den Zaun und blökt.

Susanne klammert sich an ihre Mutter. Die er-
klärt ihr, daß das Tier nur so groß und so dick sei,
weil es viel Wolle am Körper habe.

Abends beim Einschlafen fragt Susanne:
»Stimmt's, Mutti, das Schaf war gestrickt.«

Peter Hoffmann

Mama liest aus einem Pixi-Buch vor. In der Ge-
schichte streiten sich zwei Kinder.

Über das eine Kind wird ausgesagt:
»... und sie zeigte ihm einen Vogel!«

Dan war nicht zufrieden damit:
»Welchen denn?«

Hannelore Gleim

Die Nichte möchte gern zu den Enten in einem Tierpark. Ein Verbotsschild wird ihr vorgelesen.

WER DIESE WIESE BETRITT, IST EIN ESEL.

»Die Isolde soll mal hierherkommen, und wenn die dann über die Wiese geht und ein Esel ist, kann ich auf ihr reiten.«

Ursula Teichmann

➤

Im Tiergehege des Bürgerparks haben wir viele Tiere angesehen. An der Haltestelle steht ein Mädchen mit einem riesigen Eis in der Hand. Plötzlich – patsch – liegt das Eis auf der Straße. Ela geht einen Schritt auf das Mädchen zu und sagt zu ihm:

»Du Hängebauchschwein!«

Zum Glück kommt gerade die Bahn.

Vera Krumsee

➤

Ela hilft, die Äpfel für den Weihnachtsbaum blank zu reiben. Schließlich ist kein Apfel mehr da.

»Dann nehm ich jetzt mal die Bananen!«

Vera Krumsee

➤

Nico pflückte Erbsen. Voller Erwartung! Er sah nur ganz kleine Erbsenansätze und hielt sie meiner Mutter entgegen.

»Die hier sind ja noch ganz klein. Hier, häng die noch mal in deinen Garten!«

Kornelia Richter

»MEINE MAMA, DIE HAT MICH AUSGESUCHT.«

Unsere Tochter wußte mit vier Jahren, daß sie adoptiert worden war. Im Kindergarten spielte sie mit ihrer Freundin Familie.

»Aber deine Mama ist ja gar nicht deine richtige Mama. Du bist ja bloß adiert.«

»Meine Mama, die hat mich ausgesucht – aber deine Mama, die mußte dich einfach nehmen!«

Gabriele Klink

➤

Leute sitzen und stehen im überfüllten Wartezimmer. Plötzlich entweicht Marco ein Geräusch.

Marcos Mutter bekommt einen roten Kopf:

»Aber Marco, so etwas macht man doch nicht.«

Marco: »Sei du bloß ruhig, du furzt und ballerst zu Hause genug rum!«

Peter Hoffmann

➤

Der Vater kommt abends zur Tür herein.

»Mama! Schon wieder ein Papa!«

Ruth Sonntag

➤

Kati war krank. Abends im Bett sagte sie: »Es ist so dunkel. Kannst du das Licht anmachen?«

Vater konnte!

Nach ein paar Minuten: »Es ist so hell zum Schlafen.«

Vater schaltete das Licht aus. Kaum war er unten angelangt, rief Kati erneut. Vater kam.

Kati: »Laß aber die Türe offen, ja!«

Vater ließ die Tür offen und machte sich auf den Weg nach unten. Ein wenig später meldete sich Kati von neuem: »Kannst du das Licht auf dem Flur auch anlassen?«

Er ließ das Licht angeschaltet und ging.

Es war inzwischen schon weit nach einundzwanzig Uhr.

Kati: »Das Licht auf dem Flur ist zu hell.« Eine Viertelstunde später wiederum zu dunkel.

Als die Eltern gegen elf Uhr ins Bett gingen, war Kati immer noch nicht zufrieden. Der Vater sagte zu seiner Frau: »Vielleicht hat sie Angst! Ich frage sie mal.«

Tatsächlich! Seine Tochter hatte Angst. Das Licht im Zimmer sollte angeschaltet bleiben.

Ein paar Minuten später: »Es ist zu hell!«

Es war etwa elf Uhr. Die Mutter war müde. Drüben, in Katis Zimmer angekommen, sagte sie zu Kati – lauter als gewöhnlich: »Wenn du jetzt nicht sofort schläfst, hau ich dir den Hintern voll.«

Das hatte sie noch nie gemacht.

Kati antwortete cool: »Dann schlaf ich eben!«
Sie schlief tatsächlich prompt ein!

Norbert Kühne

»Mama, die Oma fragt, ob wir Sonntag kommen. Was wortest du darauf an?«

Gisela Schalk

➤

»Ich weiß das schon, warum die einen Schlüssel um den Hals haben. Meine Mama hat mir das erklärt. Das sind nämlich verschlossene Kinder.«

Gabriele Klink

➤

»Warum schläfst du nicht, Dominik?«

»Mama, ich klappe die Augen zu, und die klappen immer wieder auf!«

Karin Schardt

➤

Nach einer Woche Kindergarten sagt Finn zur Mutter:

»Du, Mama, da brauch ich aber wirklich nicht mehr hingehen. Das ist mir alles viel zu laut!«

Hans-D. Zeuschner

➤

Stephanie hat eine Auseinandersetzung mit mir.

»Ich will aber nicht!«

Nach einer kleinen Pause: »Kinder, die was wollen, kriegen was auf die Bollen. Ich aber will nicht, deshalb kriege ich auch nichts!«

Anita Horstmann

5.
LEBENSJAHR

»Mama, sind Indianer Menschen?«
  »Natürlich!«
»Aber Mama, die haben doch Federn!«

Anja Ulbig

»WEISSRÜBE MIT SCHNECKENHÄUSCHEN«

Es gibt Weißkohl mit einem kleinen Stück Rindfleisch. Ulrike matscht im Teller herum und ißt nicht.

»Koch bloß nicht noch mal solche Weißrübe mit Schneckenhäuschen!«

Vera Krumsee

Wir haben Pizza gegessen. Die Gewürze haben Dan beeindruckt.

Er sagt: »Da war auch so ein Gewürz bei – so wie Bartstoppeln.«

Hannelore Gleim

Elena mag keine Schokolade. Im Kaufhaus bekommt sie ein Stück zum Probieren angeboten.

Elena: »Nein, danke! Ich mache Diät!«

Hans-D. Zeuschner

Sören am Kaffeetisch hält nichts von Keksbruch.

»Ich möchte aber einen heiligen Keks!«

Hans-D. Zeuschner

Zur Vorweihnachtszeit mit Vater und Mutter zum Essen.

Die Eltern beraten: »Doch, doch! Das Fleisch dürfte zart sein.«

Katja: »Aber bestimmt nicht so zart wie das liebe kleine Jesulein!«

Hans-D. Zeuschner

➤

Nachdem die erste Räucherkerze abgebrannt ist, schnuppert Dan am Abzug des Räucherhäuschens.

»Ich finde, das riecht gar nicht nach Rauhreif!«

Hannelore Gleim

➤

Wir stellen fest: Die meisten Tiere fressen andere Tiere.

Donald sagt: »Die sind aber böse!«

Ich erläutere ihm, daß die Tiere nur Hunger haben und gar nicht wissen, daß das böse ist.

Donald ist entrüstet: »Na, dann müssense mal ein bißchen nachdenken!«

Cornelia Schmidt

»SIE SPRACH FALSCH.«

Erläuterungen

»Na, Junior, ist dein Vater Brötchen verdienen gegangen?«

»Nein, er ist Geschäftsführer bei P & C!«

Hans-D. Zeuschner

> ➤

Dan darf mit seinem Cousin im Laden gegenüber ein Eis kaufen und kommt freudestrahlend zurück.

Er sagt: »Wenn ich eins (ein 1-DM-Stück) hingegeben hätte, hätte ich nichts wiedergekriegt; also hab ich fünf (ein 5-DM-Stück) hingegeben.«

Hannelore Gleim

> ➤

Ulrike ist lange Zeit verschwunden. Schließlich taucht die Tochter auf und hört sich seelenruhig die Schelte ihrer Mutter an.

Ulrike: »Jörgs Mama sucht Jörg jeden Tag, und Frau W. muß Claudia auch dauernd suchen. Da ist es ja wohl nicht zuviel, wenn du mich *einmal* suchen mußt!«

Vera Krumsee

> ➤

Christiane hat ihren ersten Zahn verloren. Stolz zeigt sie die Lücke ihrer Schwester:

»Guck mal, ich bin jetzt in den Wechseljahren!«

Vera Krumsee

Wir sitzen in einem Café. Es ist ziemlich kühl, und mir läuft die Nase. Keiner der Anwesenden hat ein Taschentuch dabei.

»Nimm doch ne Serviette!«

Aber unser Tisch ist noch nicht gedeckt.

Nach einer Weile erscheint der Kellner, dem Donald ganz entrüstet zuruft:

»Das wird ja Zeit, daß du mit den Servietten kommst, damit sich meine Mama endlich die Nase putzen kann.«

Cornelia Schmidt

➤

»Geh nicht so nahe an das Ufer, Oma. Wenn du hineinfällst, kannst du ertrinken.«

»Warum bist du so erschrocken?«

»Weil ich dann traurig bin!«

»Und warum bist du so traurig?«

»Na, weil ich dann den Weg nach Hause nicht alleine finde!«

Gabriele Klink

➤

Der Eiermann kommt.

Unsere Tochter: »Du brauchst heute nichts zu bringen. Bei uns kommt Sonntag der Osterhase. Dann haben wir genug Eier.«

Dirk Hoffmann

➤

Beim Stoffesel ist ein Zahn im Gebiß locker geworden.

Holger: »Der will ein Schulkind werden!«

Marianne Rinderspacher

Matthis hatte Freundschaft geschlossen mit der gleichaltrigen Ellen, die mit ihrer Großmutter zwei Wochen zu Besuch hier war. Beim Abschied gab es Tränen. Einige Wochen später war Matthis mit seinen Eltern Gast in einem Familienhotel in einem Seebad. Beim Frühstück am ersten Morgen deutete Matthis aufgeregt auf ein kleines Mädchen, das einige Tische weiter bei seinen Eltern saß.

»Da ist Ellen«, rief er immer wieder, wunderte sich aber, daß diese Ellen gar keine Notiz von ihm nahm. Matthis' Eltern sahen wohl eine gewisse Ähnlichkeit mit Ellen, hörten aber auch, daß die Eltern des Mädchens sich französisch unterhielten.

Matthis war nicht zu überzeugen, so daß ihm seine Eltern nahelegten, doch einfach hinzugehen. So geschah es. Matthis redete freudestrahlend auf das Mädchen ein, fand aber nicht die erwartete Reaktion. So kehrte er traurig zum Tisch der Eltern zurück:
»Es war Ellen, aber sie sprach falsch!«

Joachim Hammerström

>———

»Du, Papi, auf Mamis Auto hat eine Möwe geschißtet.«
»Die Mami scheint wirklich Pech zu haben.«
»Papi, vielleicht schißt die Möwe auch mal auf dein Auto.«

»Das kann passieren.«
»Papi, ich weiß auch warum.«
»Dann erzähl es mir doch.«
»Papi, die Möwe hat keine Toilette.«

Harry Orzechowski

➤

Die Großmutter Ursel besuchte damals – vor Jahrzehnten – mit den Eltern eine hochschwangere Tante.
»Was hat die Tante?«
»Sie hat Weh-Weh!«
»Dann muß sie ein Pflaster draufmachen!«

Hans-D. Zeuschner

➤

Donald spielt gerne Wörterkette.
Donald: »Fahrradschloß?«
Ich: »Schloßherr.«
Er: »Herrgottnochmal.«
Ich lache laut, Donald ist entrüstet.
»Was lachst du denn da! Das gibt's wohl! Das sagt Oma immer!«

Cornelia Schmidt

➤

Es scheppert in der Küche.
Donald ruft: »Mutti, komm mal, der Teller ist leider entvier!«
Ich: »Waaas?«
Donald: »Na ja, der ist nicht entzwei, sondern das sind vier Teile!«

Cornelia Schmidt

Donald geht zur Telemann-Musikschule. Eines Tages frage ich ihn:

»Weißt du überhaupt, wer Telemann war?«

»Klar«, sagt Donald, »den kennste auch. Der steht im Park und hält immer ne Faust hoch. Jetzt ist der schon gestorben.«

(Donald meinte das Thälmann-Denkmal.)

Cornelia Schmidt

➤

Mein Blick fiel auf meine große Grünpflanze. Aus der Nähe stellte ich fest, daß die meisten Blätter am Ansatz fein säuberlich abgetrennt waren. Also fragte ich Donald, was denn mit der Pflanze passiert sein könnte.

Donald: »Na, Michi hat mir doch eine Laubsäge geschenkt. Die habe ich gleich mal ausprobiert.«

Cornelia Schmidt

➤

Wir machen einen Stadtbummel und kommen an einem Trauerausstatter vorbei.

Ich erkläre meinem Sohn: »Wenn jemand stirbt, den man lieb hat, dann ist man ganz traurig und möchte keine lustigen bunten Sachen anhaben.«

Ein paar Häuser weiter stand Donald dann vor einem Dessous-Geschäft. Donald betrachtete die Schaufensterpuppe, die nur dürftig mit schwarzen Spitzendessous bekleidet war.

»Also so traurig sieht die gar nicht aus, finde ich!«

Cornelia Schmidt

»Habt ihr mich denn nicht rufen hören?« frage ich etwas ungehalten.

Feli erklärt mir: »Nee, Mama! Zuerst fast gar nicht. Bloß jetzt beim letztenmal!«

Gabriele Klink

Henrik: »Dann bin ich die Rutsche runter und voll auf'n Arsch geflogen!«

Anja: »Das heißt nicht Arsch, das heißt Po!«

Henrik: »Zu *meinem* Popo darf ich ruhig Arsch sagen!«

Rudi Faßbender

Ich will wissen: »Warum hast du den Marco gehauen?«

Frieder: »Ich wollt ihn bloß am Popo treffen, aber der Blödmann hat sich umgedreht.«

Gabriele Klink

Im Kindergarten höre ich zwei Buben streiten.

»Du blöde Kuh, laß sofort mein Auto los. Das gehört mir!«

»Ich bin fei keine Kuh, ich bin kein Mädchen! Ich bin doch ein Junge und dann heißt das Bulle.«

Gabriele Klink

Im Kindergarten streiten sich zwei Buben heftig beim Indianerspiel.

»Wenn du mich jetzt tötest, red ich nie wieder ein Wort mit dir.«

Gabriele Klink

»DANN HABT IHR SCHON ZWEIMAL GESEXT?«

Fragen, Fragen

Gern möchte Joseph mit zum Arzt, doch ich versuche, ihn davon abzubringen:

»Vielleicht wird dir beim Zuschauen schlecht, oder du wirst ohnmächtig.«

»Was meinst du mit ohnmächtig?«

Ich erkläre es ihm.

»Ach, so ist das. Aber wird man hinterher wieder mächtig?«

Bettina Vales

>

Mutter versucht, Ole das Wort »ficken« auszureden und bietet »Geschlechtsverkehr« und »Sex machen« an.

Lisa meldet sich zu Wort:

»Dann habt ihr schon zweimal gesext?«

Hans-D. Zeuschner

>

Tessie: »Was ist ein Vesuv?«

Mutter: »Das ist ein Berg, wo man oben hineingucken kann und unten Feuer ist.«

Tessie: »Du meinst einen Vulkan?«

Anja Ulbig

Die Bahn hielt, die Türen öffneten sich, und Jule riß sich von der Hand los. Sie stürmte in den vordersten Wagen und rief der Tante zu:

»Ich halt schon mal eine Bank frei!«

Die Tante setzte sich zu ihr.

Jule: »Aber Tante Irmi, was machen wir, wenn jetzt ein Bankräuber kommt!«

Ruth Schulz

>

»Warum muß Papa darüber ein Buch lesen? Das weiß ich ja schon, wie die Wirtschaft funktioniert. Als wir im Urlaub im Restaurant waren, habe ich genau hingeguckt! Das ist ja pipileicht!«

Ruth Schulz

>

»Kannst du auch so schlecht sehen wie mein Opa? Der versteht manchmal gar nicht, wenn ich ihm was sage.«

N. N.

>

Stephanie fragt: »Wer war denn zuerst da, die Mutter oder das Baby?«

»Die Mutter!«

»Das geht doch nicht! Zuerst ist man doch ein Baby!«

Anita Horstmann

>

Christianes Eltern haben eine Hausgehilfin. Nun hat diese aber gekündigt.

Christiane ist empört:
»Denkt die, ich soll jetzt alles alleine machen?«

Vera Krumsee

➤

Praktikantin im Kindergarten: »Wenn du das Blatt beim Falten immer zum Körper drehen würdest, wäre es einfacher!«

Kind: »Sag mal, wer ist eigentlich länger im Kindergarten, du oder ich?«

Kerstin Senzek

➤

Vor dem Fall der Mauer. Ich fuhr mit dem Zug nach Berlin. Hinter der innerdeutschen Grenze hielt der Zug.

Ein Junge im Abteil: »Guck mal, Mama, die haben hier Löwen.«

Die Mutter: »Wie kommst du darauf?«

Junge: »Die Männer da draußen haben alle Schießgewehre.«

Die Fröhlichkeit im Abteil verflog, als ein Grenzsoldat die Türe aufriß.

Der Soldat: »Haben Sie Waffen?«

Der Junge: »Wieso, Onkel, braucht man die hier?«

Dr. Peter Schütt

➤

»Warum heißt die Leberwurst Leberwurst?«
»Weil da Leber drin ist!«
»Warum heißt das Zitronensaft?«
»Weil da Zitronensaft drin ist!«

Wir saßen im Biergarten.

»Heißt das Jägerschnitzel, weil da Jäger ...?«

Kornelia Richter

>

Beim Anblick des Nebelhorns ruft Julian enttäuscht:

»Das habe ich mir ganz anders vorgestellt! Wo ist denn das Horn?«

Ruth Sonntag

>

Es ist Winter. Auf dem Marktplatz steht ein Mann mit einem Lama. Er sammelt für den Zirkus.

»Mutti, warum muß man da denn Geld reintun?«

»Damit die Tiere im Zirkus was zu fressen haben.«

»Äh, fressen die Tiere im Zirkus etwa Geld?«

Cornelia Schmidt

>

Paul fuchtelt mit einem Fahrtenmesser herum.

»Mama, der Opa war doch im Krieg?«

»Ja!«

»Hatten die denn auch solche Messer?«

»Keine Ahnung!«

»Mama, aber Opas Bande hat doch verloren!«

Ute Bertels

>

Ulrike: »Findest du den Namen Klicker schön?«

Da es sich um Namen für Stofftiere handelt, sagt die Mutter: »Ja, hübscher Name!«

Ulrike: »Den findet aber sonst keiner schön!«
Die Mutter: »Nein?«
Ulrike: »Oder kennst du jemand, der sein Kind Klicker nennt?«

Vera Krumsee

>

Der Käptn mit einem Bein erzählt schelmisch: »Weißt du, Junge! Das hat der Hai gefressen.«
»Und warum hat er das zweite Bein nicht gefressen? Hatte er da keinen Hunger mehr?«

Ruth Sonntag

»BIST DU DER LIEBE GOTT?«

Während einer Autofahrt besprach ich mit meinem fünfjährigen Neffen, was es abends zu essen geben solle. Er wünschte sich sein Leibgericht »Himmel und Erde« (Eintopfgericht aus Kartoffeln, Äpfeln samt Wursteinlage). Dann fragte er, warum das eigentlich so genannt werde.

Ich erklärte ihm, »Himmel« steht für die Äpfel, da sie hoch an Bäumen wachsen, und »Erde« für die Kartoffeln, die in der Erde reifen.

»Und die Wurst ist Gott!«

➤   *Barbara Stolze*

»Warum«, fragte der kleine Martin, »wurde Jesus eigentlich ans Kreuz geschlagen und nicht mit Tesafilm angeklebt?«

➤   *Josefine Konietzko*

Die Eltern begrüßen die neue Pastorin vor dem Supermarkt.

Ihre Tochter fragt: »Bist du der liebe Gott?«

➤   *Bärbel Baucks*

Im Kindergarten. Erzieherin: »Ich glaube, jetzt hat keiner mehr Angst, und ihr wißt ja, der Nikolaus beißt niemanden.«

Am Festabend sagte ein Kind laut und mutig in die feierliche Stille hinein:

»Du bist aber ein netter Nikolaus. Du hast wirklich nicht gebissen.«

Gabriele Klink

➤

Weihnachtswünsche.

»Du möchtest wohl alles haben, was in diesem Katalog steht?«

»Nein, Mami, dieses Fahrrad und dieses Fahrrad, und dieses Fahrrad nicht, nur dieses Fahrrad mit dem Hänger, und diese Puppe und die Puppenstube und die Figuren.«

»So viel Geld hat der Weihnachtsmann nicht. Andere Kinder möchten doch auch Weihnachtsgeschenke. Darum muß der Weihnachtsmann sein Geld einteilen.«

»Na gut, Mami, dann schreib dem Weihnachtsmann: Ich möchte nur das Fahrrad, wenn er so wenig Geld hat. Und das andere kaufst du mir, ja?«

Harry Orzechowski

»MAMA, SCHALT MAL EBEN AUF PAUSE!«

Die Mutter ist wieder beim schweißtreibenden Versuch, das Kind im Autokindersitz zu vergurten. Erschöpft sagt sie zu ihrem Sohn:

»Früher hast du dir den auch schon mal alleine zugemacht!«

Dan: »Das lern ich mir wieder ab!«

Hannelore Gleim

Mutter liest vor. Es klingelt an der Haustür. Nick rennt in Richtung Wohnungstür, bremst dann scharf ab: »Mama, schalt eben mal auf Pause, ja!«

Sonja Röder

Der Schneeanzug hat ein herausnehmbares Innenfutter, das sich beim Ausziehen oft löst.

Dan: »Ich komm nicht in den Hosenärmel!«

Hannelore Gleim

»Warum schenkst du der Mami Blumen und nicht mir?«

»Mami und Papi sind doch verheiratet, und seiner Frau schenkt ein Mann hin und wieder Blumen.«

»Oh, Papi, es ist gut, wenn man als Frau geboren ist.«

Harry Orzechowski

»KAULQUAPPE«

Ich sitze mit einer Freundin und deren kleiner Tochter im Auto.

Plötzlich ruft Andrea: »Da, da ist Daniela mit sein…«

Andreas' Mutter korrigiert: »Das heißt nicht sein, sondern ihre Mutter, oder ihre Schwester.«

Andrea antwortet: »Es war aber sein Onkel!«

Cornelia Schmidt

➤

»Auf Wiedersehn, auf Wiedersehn, ihr müßt nun in die Schule gehn.«

Wenn wir übten, sagte er immer: »… ihr müßt nun in der Schule gehn.«

Mit Hilfe seiner Schwester, die auch mit Sebastian übte, klappte dann alles gut. Auf dem Nachhauseweg fragte ein Nachbar, woher wir kämen.

Sebastian antwortete: »Wir waren in die Schule.«

Ruth Kellermann

➤

»Sag mal Schule«, forderte sie der Vater auf.

Doris: »Sule!«

»Sag mal Schlitten.«

Doris: »Slitten!«

»Sag mal Schwein.«

Doris antwortete: »Swein!«

Eines Tages wollte es die Mutter wieder einmal wissen.

»Kannst du nicht mal ›Schuhe‹ schön sagen?«

Doris: »Kaulquappe!«

Gisela und Klaus Boettcher

Nach dem Tischdecken stellt Stephanie fest, daß irgend etwas nicht stimmt.

»Ich hab mich vertun!«

Ich korrigiere: »Nein – vertan!«

»Da kann man sich ja auch mal vertan.«

Anita Horstmann

»Mama, ich bin doch 5, stimmt's! Und Dennis?«

Ich sage ihm, Dennis sei 3 Jahre alt.

»Ooch, dann bin ich bestimmt 8, eh der mal 5 ist!«

Cornelia Schmidt

6.
LEBENSJAHR

Fon Frauke
Herzlichen Geburzarg
Hebie börsti
TuJu Hebie börsti
TuJu zum gebrztark
Liebe Mama Hebie börsti TuJu.

Annette Ostermann-Muhsal

»OH, ICH KANN JA ENGLISCH LESEN!«

Aha!

Wir bekommen ein Weihnachtspaket aus England. Auf einem hübsch verpackten Geschenk steht sein Name. Donald liest das und schreit begeistert:

»Oh, ich kann ja Englisch lesen!«

Cornelia Schmidt

➤

Wir kommen an einem Denkmal vorbei. Donald erklärt allen, die bei uns stehen – und deutet auf das Denkmal:

»Da sind lauter begrabte Leute drunter!«

Cornelia Schmidt

➤

Wir fuhren einmal einen Tag an die Ostsee, wanderten dort am Strand entlang und genossen Ruhe und Natur. Donald seufzte auf dem Rückweg und äußerte:

»Ach Mutti! Hier ist es schön. Hier gibt's keine Kontoauszüge und so was!«

Cornelia Schmidt

➤

Donald ging es schlecht. Es war ihm übel.

»Und wenn ich kotzen muß?«
»Donald, das heißt brechen!«

»Brechen ist aber nicht so schlimm wie Kotzen.
Wenn schon, dann muß ich kotzen.«

Cornelia Schmidt

Ein Freund besuchte uns. Er wollte uns zum Ita-
liener einladen. Er wollte aber erst fragen, ob es
mir recht sei. Damit Donald nicht enttäuscht war,
falls ich nicht wollte, fragte er in Englisch:

»How about Italian food tonight?«

Donald rief entzückt: »Oh, wir gehen heute ita-
lienisch essen. Ja?«

Wir sahen uns verwundert an. Wie hatte er es
verstanden?

Donald klärte uns auf: »Ich kann eben Italie-
nisch!«

Cornelia Schmidt

»JETZT SIEHST DU MIT ZWEI AUGEN KEINES!«

Logisch!

Zwei Kinder im Kindergarten.

»Warum bist du denn heute so ruhig?«

»Weil, ja weil, na weil ich heut noch gar nichts in meinem Kopf drin habe!«

Gabriele Klink

➤

Susanne stochert in ihrem Salat.

»Iß schön, Susanne, Salat ist gesund!«

»War er denn krank?« fragt sie.

Vera Krumsee

➤

Ulrike hantiert mit ihren Fingern. Schließlich kommt sie in die Küche und sagt zu ihrer Mutter:

»Zeig mal deine Hände. Haben Erwachsene mehr Finger?«

Vera Krumsee

➤

Wir kaufen Opa zum Geburtstag eine kleine, witzige Flasche.

»Was steht denn da drauf, Mutti?«

Ich lese vor: »Damit wirst du hundert Jahre alt.«

D.: »Wer, ich?«

Ich antworte: »Nein, Opa, wenn er die trinkt.«

»Quatsch«, sagt Donald, »da wird er höchstens besoffen!«

Cornelia Schmidt

Dem Großvater mußte vor Jahren ein Bein amputiert werden.

Ulrike: »Wo hat Opa das Bein denn nun? Oder hat er es nicht mit nach Hause genommen?«

Vera Krumsee

>———

Beim Familientreffen fragte Hanna ihre unverheiratete, nicht mehr so ganz junge Tante:

»Tante Birgit, bist du jetzt Altgesellin?«

Josefine Konietzko

>———

Vater las den Zettel: »Ich liebe dich, deine Wiwi!«

»Das ist schön, Wiwi! Aber schlafen wirst du jetzt trotzdem!«

Wiwi war noch nicht zufrieden: »Du mußt auch die Rückseite lesen!«

Ihr Vater drehte den Zettel um und las: »Wenn ich schlafe, kann ich dich aber nicht lieben!«

N. N.

>———

Carolin und ich kommen in die Wohnung. Nick, mein Mann, ist krank und deshalb nicht im Büro.

Carolin: »Nick schläft.«

Ich: »Woher weißt du das?«

Carolin: »Weil ich's höre!«

Ich: »Was hörst du denn?«

Carolin: »Nichts!«

Elisabeth Nowak

»Du, Papa, schreibst du das für die Mami?«

Der Vater nickt mit dem Kopf.

»Gell, dann bist du Mamas lebendige Schreibmaschine?«

Gabriele Klink

➤

Vater hält sich ein Auge zu und sagt:

»Ich sehe mit einem Auge zwei Augen. Du siehst mit zwei Augen ein Auge.«

Kind hält sich beide Augen zu:

»Jetzt siehst du mit zwei Augen keines!«

Matthias Kehle

➤

»Papa, was ist eigentlich eine Nonne?«

»Ja, Henrik, was ist eine Nonne?! Das ist eine Frau, die ihr ganzes Leben Jesus … äh, die lebt ihr ganzes Leben im Kloster.«

»Papa, was ist denn ein Toaster?«

Rudi Faßbender

➤

»Du, Papa, du hast mir doch erzählt, daß die Menschen, wenn sie gestorben sind, zu Erde werden?«

»Ja, der Körper des Menschen zerfällt.«

»So wie dieser Sand?«

»Ja, das kann man so sehen.«

»Papa«, sagte er, »wenn ich hier im Sand sitze und mit dem Sand spiele, dann spiele ich ja eigentlich mit mir selbst.«

Tony Gehling

Zur Veranschaulichung des Weltkrieges nehme ich ein Beispiel aus dem Erfahrungsbereich von Anja.

»Das ist genauso, als würden wir zu Bergs gehen und diese aus ihrem Haus schmeißen!«

»Auja!« sagt Anja, »dann hätten wir endlich nen großen Garten!«

Rudi Faßbender

>

Als unsere Erdbeeren endlich zu reifen begannen, sah Ulrike sie genau an und erklärte:

»Hier« – dabei faßte sie an ihre Brust – »sind sie ganz grün, aber da« – dabei faßte sie an den Po – »sind sie schon ganz schön rot.«

Vera Krumsee

>

Alle drei Herren an unserem Tisch haben als zweiten Vornamen Wilhelm.

Ulrike sieht ihre Mutter erschrocken an und fragt: »Heißt du etwa auch Wilhelm?«

Vera Krumsee

>

Ulrike erzählt ihrer kleinen Schwester das Märchen von den sieben Geißlein. Ulrike erläutert ihrer Schwester:

»Geißlein sind Ziegen, und die alte Geiß, das ist so ne große Ziege wie unsere Mutter!«

Vera Krumsee

Ulrike malt. Sie fragt ihre Mutter:

»Wie ist ein Kaiserschnitt?«

Vorsichtig versucht sie, die schwierige Angelegenheit in verständliche Worte zu kleiden.

Ulrike: »Nee, das mein ich nicht. Ich wollte nur wissen, was ich dem Kaiser für eine Frisur malen soll.«

Vera Krumsee

>——

Gunda sieht im Fernsehen, wie sich die Boxer den Zahnschutz in den Mund schieben.

»Papa«, fragt sie, »machen die das, damit sie sich nicht beißen?«

Sabrina Zink

>——

Jan: »Mama, kriegst du noch ein Baby?«

Bruder Peter: »Nee, die is so fett!«

Mutter: »Und so was muß man sich am Samstagmorgen gefallen lassen!«

Jan: »Aber das neue Kind kann nicht bei mir oder bei Peter auf dem Zimmer schlafen. Da ist kein Platz mehr. Das muß schon im Garten bleiben!«

N. N.

>——

Ein Kind feiert im Kindergarten Geburtstag. Seine Mutter stiftet der Gruppe eine Rote Wurst mit Weckle.

Jan: »Ich will auch ein Weckle mit Wurst und viel Ketchup, aber ohne Weckle!«

Gabriele Klink

Donald sitzt in der Badewanne. Opa geht aus dem Badezimmer und macht aus Versehen das Licht aus. Da schreit er:

»Mutti, Opa hat dunkles Licht angemacht!«

Cornelia Schmidt

»Taci, du weißt doch, Omi geht immer zu Fuß!«

»Mami, dann kann unsere Omi doch sehr viel. Klaus seine Oma sitzt nur im Rollstuhl!«

Harry Orzechowski

Ich lese Donald eine Geschichte vor: »Da sprach der Schneckenvater zu seinem Nachwuchs…«

Ich schaue ihn an und frage: »Weißt du denn, was Nachwuchs ist?«

Donald antwortet: »Ja, ein Schneckenhaus!«

Cornelia Schmidt

Ich will wissen: »Was habt ihr denn gespielt?«

Donald antwortet: »Na, mit dem Schaukelpferd. Das haben wir mit Rasierwasser eingerieben.«

Ich sage ihm, daß er auch danach stinke.

Donald: »Wie? Nach Pferd?«

Cornelia Schmidt

Die Märchenspiele in der Balver Höhle waren ein voller Erfolg.

Ein Junge neben mir: »Onkel! Wann kommt jetzt die Werbung?«

Dirk Hoffmann

»HIER SIND SOGAR DIE KÜHE KATHOLISCH.«

Birte: »Regenwürmer sind schrecklich, igitt! Die haben gar kein Gesicht. Bei einer Schlange weiß man wenigstens, wo vorne und hinten ist.«

Vera Krumsee

Um den Weg abzukürzen, gingen sie über die Weide, auf der Schafe waren. Sie hatten altes Brot bei sich, um den Schafbock friedlich zu stimmen.

Ging man vorwärts, kam der Bock und stieß einen mit Wucht um. Deshalb ging Jörn rückwärts und gab dem Bock nach und nach das alte Brot. Plötzlich machte er plumps – und saß in einem Eimer, aus dem er nicht mehr herauskam.

Karin Rittinghaus

Albert bringt sein 3jähriges Brüderchen mit zur Schule. Die Lehrerin schickt die beiden wieder nach Hause. Verständig nimmt Albert den Kleinen an der Hand. Das Brüderchen aber dreht sich zu seiner Lehrerin um und sagt, indem es die Zunge herausstreckt:

»Olle Ziege!«

Vera Krumsee

Thorsten besuchte gemeinsam mit seinem Bruder und anderen Kindern das Mescheder Benediktinerkloster. Im Stall entdeckte er, daß über dem Stalltor ein Kreuz hing. Aufgeregt stieß er mich an:

»Mama, schau mal! Hier im Kloster sind sogar die Kühe katholisch!«

Mechthild Leskau

Das Unterrichtsgespräch dreht sich um die Tiere im Winter.

Erna hat ihre eigenen Erfahrungen:

»Wir haben im Wald ein Wildschwein gesehen. Das war richtig festgefroren, und darum hat es ganz doll mit den Flügeln geschlagen.«

Einige Kinder lachen. Da sagt Erna:

»Das war aber nicht hier, das war in Rußland!«

Vera Krumsee

Ich erzählte, daß mein Kater, der auf einem Foto zu sehen war, inzwischen gestorben sei.

Anne: »Und wo habt ihr ihn eingepflanzt?«

Heidi Siegmon

»DANN HEIRATEN
WIR SIE BEIDE.«

Einmal kamen Marcel und Marko abgerissen, wutschnaubend und tränenblind zur Aufsicht, um sich gegenseitig zu beschuldigen. Der Aufsicht führende Lehrer versuchte zu schlichten.

Marcel sagte zu dem älteren Schüler:

»Warte man, bis hier in der Schule Muttertag ist! Dann sagt der Lehrer deiner Mama aber mal Bescheid!«

Vera Krumsee

> ➤

Donald kommt aus dem Musikunterricht. Er lernt Flöte. Es ist seine erste Stunde. Er sagt stolz:

»Heute haben wir ein C gelernt. Ich zeig's dir mal … Und jetzt zeige ich dir ein K, obwohl wir das noch nicht gelernt haben.«

Cornelia Schmidt

> ➤

Die Kinder sind gerade einige Tage in der Schule. Die Lehrerin hat sie umhergeführt, um ihnen die Schule und das Gelände zu zeigen. Als sie vom Schulgarten wieder in die Schule wollen, bitten sie Hans, die schwere Türe aufzuhalten, damit die Kinder ungehindert durchgehen können.

Zehn Minuten später geht die Klassentür auf, und der Hausmeister fragt:

»Muß der Hans immer noch die Tür aufhalten?«

Vera Krumsee

Ich frage: »Donald, wie schreibt man ›putzen‹, groß oder klein?«

Donald antwortet: »Na groß, Schuhcreme kann man doch anfassen.«

Cornelia Schmidt

Im ersten Schuljahr war die Serie »Heidi« gerade der große Fernsehhit. Meine Schülerinnen und Schüler erfuhren, daß auch ich mit Vornamen Heidi heiße.

Nadine: »Stimmt das, daß du Heidi heißt?«

Ich bejahte.

»Und warum sagen wir dann Frau Siegmon zu dir?«

Heidi Siegmon

»Wie findest du eigentlich unsere Lehrerin?«

»Ich könnte sie totknutschen, unsere Lehrerin!«

»Ich glaube, ich heirate unsere Lehrerin.«

»Ich auch, dann heiraten wir sie beide!«

Rudi Faßbender

Jussi kommt aus der Schule:

»Mama, warum bist du nicht Lehrerin bei uns? Dann könntest du den Weibern ganz viel Hausaufgaben geben und uns keine …«

Ute Bertels

Dieter wanderte gerade zum Papierkorb. Die Lehrerin:

»Setz dich mal eben hin, damit ich deinen Namen schreiben kann.«

Er setzt sich brav. Sie schreibt den Namen, der zu dem Platz gehört.

Als sie fertig ist, sagt er: »Aber hier ist nicht mein Platz!«

Vera Krumsee

➤

Am Schulanfang ist es für Erstkläßler noch zu anstrengend, vier oder fünf Stunden hintereinander zu ertragen. Weil es aber an meiner Schule wegen des Busfahrplans nicht zu umgehen ist, werden in die 4. oder 5. Stunde nur »schöne« Fächer wie Musik, Sport oder Kunst gelegt.

Ein Kind zu seiner Mutter:

»Heute konnte Frau Siegmon nach der dritten Stunde nicht mehr, sie ist nach Hause gegangen, und wir haben eine andere Lehrerin gekriegt.«

Heidi Siegmon

➤

Die Erstkläßler schreiben das schwere Wort Auto. Wilm kommt nicht so gut zurecht. Das o ist ziemlich deformiert. Er stöhnt:

»Frau Krumsee, mein Auto hat nen Platten!«

Vera Krumsee

Ole liest Großmutter aus dem Lesebuch vor. Mutter ermuntert ihn, ein Stück zu lesen, das sie in der Schule noch nicht behandelt haben.

Ole: »Nein, das kann ich noch nicht. Da ist ein i drin!«

Hans-D. Zeuschner

>—

»Was nimmst du dir denn heute mit?« fragte die Mutter.

»Ach, heute hole ich mir noch einmal ein Bilderbuch«, antwortete ihre Tochter. »Aber nächste Woche, da hole ich mir was zu lesen.«

Gabriele Klink

>—

Vor der Einschulung bekamen die Kinder vom Pfarrer Heiligenbildchen in die Hand gedrückt.

Freudestrahlend rief Martin:

»Mama, guck mal! Ich hab Reklame vom lieben Gott gekriegt!«

Josefine Konietzko

>—

Beim Schulanfängergottesdienst sind die Familien alle vollständig versammelt. Zuerst wird das »Kinder-Mutmach-Lied« gesungen – mit »lalala« am Schluß. Dann redet der Vikar lange Zeit.

Ein kleineres Kind ruft irgendwann dazwischen: »Mehr lalala.«

Vera Krumsee

»DER OSTERHASE UND DER LIEBE GOTT SCHLAFEN SCHON.«

Ich frage: »Sag mal, hast du denn noch so ein kleines Geschwisterchen?«

Soraya antwortet: »Och, den haben wir schon lange!«

Vera Krumsee

Katrin will wissen, was Sex ist. Die Mutter erklärt es ihr.

Katrin ist fasziniert:

»Oh, das müßt ihr mir mal vormachen!«

Hans-D. Zeuschner

»Taci, sag bitte nicht immer Mutter zu mir!«

»Mami, bist du denn nicht meine Mutter?«

»Doch, Taci, aber Mami hört sich schöner an.«

Kurz darauf:

»Komm, Tina, wir gehen auf den Hof spielen!«

»Ja, Taci, meine Puppe habe ich mitgebracht.«

»Tina, wie sagst du zu deiner Mutter?«

»Ich sage Mutti.«

»Ach, ich verstehe; dir geht es wie mir. Du hast auch keine Mutter.«

Harry Orzechowski

Finn bei Tisch: »Ich will Wurst!«

Mutter: »Ich kann dich nicht verstehen!«

Finn: »Gut, dann nehm ich deine!«

Hans-D. Zeuschner

➤

Die Tage vergehen. Einen Tag vor dem Geburtstag fällt Ulrike ihrer Mutter um den Hals und gratuliert ihr.

»Aber mein Geburtstag ist erst morgen!«

»Das weiß ich doch! Aber vielleicht hätte ich es morgen vergessen.«

Vera Krumsee

➤

Erschöpft knalle ich mich aufs Sofa und stöhne: »Ich bin so faul!«

Carolin: »Du bist nicht faul. Du willst nur nichts tun!«

Elisabeth Nowak

➤

Sie sahen gemeinsam einen Film, der noch in schwarzweiß gedreht worden war.

Sarah: »Mama, hast du auch schon gelebt, als die Menschen noch schwarzweiß waren?«

Sabrina Zink

➤

Mutter: »Nun komm, du mußt schlafen!«

Taci: »Bin aber noch nicht müde.«

»Taci, alle schlafen schon, nur wir sind noch wach. Und du willst doch ein liebes Kind sein und etwas vom Osterhasen bekommen, oder?«

»Ja, viele Geschenke!«

»Da mußt du jetzt ins Bettchen, der Osterhase sieht alles.«

»Und der liebe Gott sieht auch alles.«

Tina: »Gar nicht, der liebe Gott und der Osterhase schlafen schon. Nur wir sind noch wach, hat Mami gesagt!«

Harry Orzechowski

➤

Jussi saß gerne bei Oma.

Jussi: »Oma, wo ist mein Zahn?«

Großmutter: »Ich weiß nicht! Wo hast du ihn denn hingelegt?«

Jussi: »Auf deinen Teller.«

Oma nach einer Schrecksekunde: »Oh, dann hab ich den Zahn wohl mitgegessen!«

Ruth Schulz

➤

»Du, Papa, weißt du, Otto, ne, der kann viel bessere Witze erzählen als du! Der ist kein Dichter, aber Witze macht der besser als du!«

Rudi Faßbender

➤

Die Sechsjährige hört auf der Hochzeitsfeier das Gespräch mit:

»Die junge Braut kann nicht kochen.«

Die besorgte Frage des Mädchens:

»Muß der Onkel jetzt verhungern?«

Ruth Sonntag

7.
LEBENSJAHR

Unsere Tochter wäre beinahe zur Klassensprecherin gewählt
worden. Das erklärte sie stolz beim Essen.

Ihre kleinere Schwester hörte aufmerksam den Erläuterungen zu, was sie für Aufgaben gehabt hätte, falls sie gewählt
worden wäre.

Am Ende meinte die Jüngste aber erleichtert:

»Sei froh, daß du nicht Klassenkasper geworden bist!«

Gabriele Klink

»MEIN HEFT HAT DIE ALTERSGRENZE ERREICHT.«

Heide hat die erste Klassenarbeit bekommen.

Zu Hause strahlt sie die Mutter an:

»Die anderen haben nur drei und zwei, ich habe vier!«

Hans-D. Zeuschner

Der Lehrer zu den Schülern:

»Morgen zum Sportfest brauchen wir etwas zum Anfeuern unserer Mannschaft. Ihr dürft ausnahmsweise einmal alles mitbringen, was so richtig Krach macht!«

Hanna: »Da bring ich meinen kleinen Bruder mit!«

Josefine Konietzko

Ich freue mich über die Erfolge in der Gruppe und sage irgendwann:

»Wie froh bin ich, daß ich euch zu einer Deutsch-Gruppe zusammenschmelzen konnte!«

Kati: »Hast du mich auch geschmolzen?«

Christa Antor

Zehn Minuten erklärt die Lehrerin die Notwendigkeit und den Ablauf der geplanten Feueralarmprobe.

Jörg meldet sich:

»Frau Krumsee, wo macht denn nun der Hausmeister das Lagerfeuer?«

Vera Krumsee

Ein Kind im Förderunterricht betrachtet die Knöpfe meiner Weste sehr interessiert.

»Die sind aber sehr schön. Kannst du sie mir schenken?«

Ich antworte: »Du, die brauch ich noch, damit ich die Weste zuknöpfen kann!«

Das Kind: »Aber wenn du gestorben bist – nicht, dann kann ich die doch haben!«

Christa Antor

Im Sportunterricht geht es um Unfälle. Die Kinder reden darüber.

Nina sagt plötzlich zu mir:

»Ich kann erste Hilfe und zweite Hilfe und dritte Hilfe!«

Christa Antor

Eine halbe Stunde später höre ich, wie sie zu ihrer Freundin sagt:

»Und wenn das Kind zu klein ist, kommt's erst mal in den Brotkasten.«

Christa Antor

Als ihr Vater am Abend des ersten Schultages »Gute Nacht« sagen will, da fragt die leicht frustrierte junge Dame:

»Papa, wie lange muß ich noch in die Schule gehen?«

Weil der Vater seine Tochter schon im Abitur sieht, antwortet er:

»Dreizehn Jahre!«

Die Tochter:

»Aber ab heute einen Tag weniger!«

Dirk Hoffmann

➤

Auf die Frage, wer denn den Honig mache, antwortet Tina: »Die Hummel!«

Als der Referendar den Kopf schüttelt, verbessert sich Tina:

»Ach nee! Die macht ja Nutella!«

Christa Antor

➤

Im ersten Schuljahr sollten Laute aus verschiedenen Wörtern herausgehört werden.

Die Lehrerin fragte: »Na, wer wohnt denn nun in der Mitte des Apfels?«

Statt der erwarteten Antwort, daß es sich um das »f« handele, meinte Markus spontan:

»Oh, bestimmt ein Wurm!«

Brigitte Erler

Die Lehrerin schimpft, denn Joachim hat nun zum zweitenmal seine Hausaufgaben auf einen Zettel geschrieben und nicht ins Heft.

»Warum machst du das denn?«

Joachim: »Weil ich das gute Heft noch schonen möchte!«

Vera Krumsee

Die Lehrerin hat für jedes Kind den Stundenplan geschrieben. Sie verteilt die Pläne nun. Detlef sagt:

»Ich brauch keinen! Meine Mama hat mir einen viel schöneren eingesteckt.«

Vera Krumsee

»Weiß jemand, was redliche Hirten sind?« fragt der Lehrer.

Monika: »Es sind Hirten, die zuviel reden!«

A. Bühne

Kalles Schreibheft ist voll. Er verkündet:

»Mein Heft hat die Altersgrenze erreicht.«

Christa Antor

»MAMA, MAMA! DER KONTROLLEUR HAT DIR EIN ÄUGLEIN ZUGEKNIFFEN.«

Christopher: »Gibt es heute was Gescheites zum Essen?«

Mutter: »Ich habe einen Gemüseeintopf gemacht. Wir brauchen ihn nur aufzuwärmen.«

Christopher: »Knapp daneben!«

Christa Hatkemper-Teigelkamp

➤

Eines Morgens hatte Mutter verschlafen und hörte auf dem Weg zum Kinderzimmer:

»Du, wenn Mama uns jetzt nicht weckt, kommen wir zu spät zur Schule!«

Kornelia Richter

➤

»Die Fahrkarten bitte«, sagte der Kontrolleur im vollbesetzten Zugabteil.

Eine Mutter kramte aufgeregt in ihrer Handtasche. Sie fuhr mit ihrer fünfjährigen Tochter ohne Fahrkarte. Der Kontrolleur merkte es, gab ihr ein Handzeichen und zwinkerte. Die Tochter:

»Mama, Mama, hast du gesehn, der Kontrolleur hat dir ein Äuglein zugekniffen.«

Josefine Konietzko

Patrick hat Ferien und niemanden zum Spielen. Ich soll mit ihm spielen.

»Ach, Patrick! Ich möchte so gerne eine Tasse Kaffee trinken!«

Darauf Patrick wütend: »Jaja, ich hab Langeweile, und du denkst nur an dein Vergnügen!«

Karin Schardt

➤

Im Kinderheim bekomme ich Blumen und Bilder zum Muttertag. Michael kommt mit einem prachtvollen und bunten Blumenstrauß.

»Oh, Michael, das ist aber lieb von dir. Wo hast du denn die wunderschönen Blumen her?«

»Ach, vom Kompost!«

Marion Borgmann

➤

»Und nun«, sagte der Zahnarzt zu Martin, »darfst du dir ein kleines Spielzeug aussuchen, weil du so tapfer warst.«

Martin strahlte und entschied sich für eine Trillerpfeife.

»Du probierst sie aber erst draußen aus?« versicherte sich der Zahnarzt.

»Die ist nicht für mich«, entgegnete Martin, »die ist für meine Oma. Die brauchte die ganz nötig fürs Telefon, wenn wieder ein Schwein anruft.«

Josefine Konietzko

Donald kommt nach Hause. Er ruft von der Türe her:

»Mutti, Sascha hat gesagt, seine Oma ist 100 Jahre alt. Gibt's etwa Menschen, die so lange halten?«

Cornelia Schmidt

Großvater war mit seinen Enkeln in der Sauna (Finnland). Jussi fragte Opa plötzlich, warum er überall so viele Haare habe. Großvater überlegte ein paar Sekunden. Der liebe Gott habe ihn vielleicht als Straßenhund geplant; ob er dafür genug Haare habe, wisse er nicht.

Jussi: »Aber für ein Schwein hast du genug Haare!«

Marja Sinnemaa

»ABER WENN DER FISCH EIN ENGEL IST?«

»Weißt du, Mama«, sagte Hanna, »der Hitler, der war aber ganz schön blöd.«

»Warum?«

»Der hat so viel Krieg gemacht, da hatte er bald kein Land mehr, wo er noch Urlaub machen konnte!«

Josefine Konietzko

➤

Patrick und Dominik sehen sich ein Buch mit Planeten an. Patrick liest vor, wie die Planeten heißen. Nach einiger Zeit will Dominik wieder die Planeten sehen, speziell den Planeten »Goofy«. Patrick sagt: »Einen Goofy gibt's nicht, nur einen Pluto.«

Karin Schardt

➤

Plötzlich überholt uns so ein Super-Sport-Cabrio. Der Fahrer schmaucht zufrieden sein Tabakspfeifchen.

Da tönt es vom Rücksitz:

»Au weia, der pfeift auf der Autobahn. Darf der das?«

Martin Selber

➤

Jan-Peter dankt: »Nein – ich möchte keine Brause! Da ist Schwarzsäure drin!«

Hans-D. Zeuschner

Beim Anschauen eines Bilderbuches kommt ihnen ein Fisch unlogisch vor, der hoch in den Wolken schwebt.

Tobias sagt: »Das gibt es aber nich – ein Fisch, der fliegt!«

Peter antwortet: »Aber wenn der Fisch ein Engel ist, dann kann er fliegen.«

Christa Antor

Sascha ruft bei Frau Meier (40 Jahre) an. Es dauerte einige Zeit, bis sie schließlich ans Telefon geht. Ihr Radio ist sehr laut.

Sascha sagt: »Wieso dauert das bei dir so lange?«

Frau Meier erklärt: »Du, ich hatte das Radio laut und hab dabei das Klingeln nicht gehört.«

Sascha: »Das hab ich gar nicht gewußt, daß Omas auch Pop-Musik hören!«

Christa Antor

Mutter und Tochter stehen bei Aldi in der Kassenschlange. Mädchen zur Kassiererin:

»Tante, bist du dumm?«

»Ich??? Wie kommst du darauf?«

»Mein Papi sagt immer, wenn ich in der Schule nicht lerne, bleibe ich dumm und muß bei Aldi an der Kasse arbeiten!«

Kornelia Richter

»Papa, du bist doch der Boß im Betrieb?«

»Ja, aber nur ein ganz kleiner. Über mir gibt es noch zwei Bosse.«

»Und unter dir?«

»Da gibt es noch einen Boß.«

»Und darunter, ist da auch noch einer, der arbeitet?«

Josefine Konietzko

Donald soll seinen Freund anrufen. Er wählt und wartet. Da höre ich ihn rufen:

»Hallo Jens, hier ist Donald. Äh? Hör doch mal zu!«

Ich rufe aus der Küche: »Ach, das ist der Anrufbeantworter. Na, dann ist er wohl nicht zu Hause. Sag einfach, er soll uns zurückrufen.«

Da höre ich, wie er sagt:

»Entschuldigung, Herr Antworter, können Sie dem Jens bitte ausrichten ...«

Cornelia Schmidt

»ICH HAB VIELLEICHT EIN ROHR.«

Jan und Klaus stehen neben dem Lehrer in der Toilette an der Pinkelrinne. Klaus zu Jan:
»Puh, ich hab vielleicht ein Rohr!«

Hans-D. Zeuschner

Die Lehrerin hatte erzählt, daß das Streicheln bestimmter Körperteile sehr schöne Gefühle auslöst. Am nächsten Tag fand sie einen Zettel im Klassenbriefkasten:
»Hast du dich auch schon mal so gestreichelt? Wenn nein, woher weißt du dann so genau, daß das sehr schöne Gefühle sind?«

Hans-D. Zeuschner

In der Pause erzählt Jan von seinen handfesten sexuellen Erfahrungen.
Olli windet sich: »Mann, ich mag das Wort noch nich mal in' Mund nehmen – und der hat das alles schon gemacht!«

Christa Antor

Wir haben Sprachunterricht. Ich will ein Wort wissen, das mit »erröten« verwandt ist.
Stephan meldet sich und sagt: »Erotik!«

Christa Antor

Wir unterhalten uns über Freizeit. Beiläufig sagt Oliver:

»Ich hab das jetzt mit meiner Mutter so geregelt: Ich kümmere mich nicht mehr darum, was die im Schlafzimmer treiben, und die haben sich nicht mehr darum zu kümmern, was ich nachmittags außer Haus mache.«

Christa Antor

Gespräch der Jüngsten:

»Du, ich habe bei Papa ein Buch gefunden, da steht drin, man wird gar nicht vom Klapperstorch gebracht. Man wird nämlich gebort.«

»Das heißt geboren!«

»Egal – und weißt du, den Bohrer, den find ich auch noch.«

Martin Selber

8.
LEBENSJAHR

Irgendein Kind will wissen: »Was ist ein Harem?«

Christoph: »Das ist das, wo die Scheichs immer ihre vielen Frauen aufbewahren!«

Christa Antor

»WARUM SOLL NICHT MAL DIE WENIGHEIT ENTSCHEIDEN?«

Annette will mit Marina und anderen Kindern »Bäumchen wechsel dich« spielen.

Annette: »Also da sind 4 Bäume und 5 Kinder und die rufen dann: Bäumchen, Bäumchen wechsle dich.«

Marina: »Ja, und was ist dann?«

Annette: »Sag ich doch, da sind 5 Kinder und 4 Bäume und einer ruft Bäumchen …«

Marina: »Und dann nimmt jeder wohl einen Baum und stellt ihn woanders hin – oder?«

Vera Krumsee

➤

»Ich freue mich auf mein Zeugnis!«

Ich frage Donald, ob er denn Grund habe, sich darauf zu freuen.

Er sagt: »Klar, Mama! Zeugnisse sind doch wichtig fürs Leben.«

Am Mittag kommt er nach Hause. Er hat einige Vieren.

»Aber sonst ist es doch gut. Oder?« fragt Donald. »Ach, Mama, wir beide wissen jedenfalls, daß es viel wichtigere Sachen im Leben gibt als Zeugnisse.«

Cornelia Schmidt

Es gab Ärger mit Jörg. Ich kündigte ihm an, daß ich bei seiner Mutter anrufen würde.

Jörg aber meinte: »Nö, das könn'se nich. Nämlich – meine Mudder, die kann gar nich zum Telefonieren gehn, weil die sich in' Finger geschnitten hat.«

Christa Antor

➤

Die Lehrerin hatte einen Tag gefehlt. Die Kinder fragten: »Wo bist du gewesen?«

Lehrerin: »Ich hab meine Mutter beerdigt.«

Ein Junge: »Was! Du ganz alleine?«

Christa Antor

➤

In einem Lied kommt ein Marabu vor, der auf einem Bein steht.

Tina: »Mein Goldhamster, der kann auch auf einem Bein stehen.«

Christa Antor

➤

Einige Kinder der Klasse sollen vom Schularzt untersucht werden.

Toni: »Werde ich auch durchsucht?«

Christa Antor

➤

Die Klasse soll in der Adventszeit eine Vorstellung im Theater geben. Bevor wir aber ins »Weihnachtsmärchen« gehen, zeige ich Holger eine Schwarzweißfotografie, auf der die Schauspieltruppe abgebildet ist.

Holger: »Aber du! Im Theater – da sehn wir das doch in Farbe, nich?«

Christa Antor

>

Als Jan fertig ist, sagt er im Hinausgehen:
»Jetzt will ich doch mal sehen, ob Frau Meier die anderen Kinder auch schon freiläßt.«

Christa Antor

>

Für Hanne zeichne ich einen Igel.
»Och, mal ihm doch noch zwei Beine. Dann kann er schneller laufen.«

Christa Antor

>

Holger hatte sich von Mark einen Anspitzer geliehen. Doch er funktionierte nicht.
Er beschwerte sich laut in der Klasse: »Der radiert ja gar nicht!«

Christa Antor

>

Heute fragte Jürgen nach der zweiten Stunde:
»Frau Antor, wie viele Stunden habe ich schon überwunden?«

Christa Antor

>

In einem Text der Fibel heißt es:
»... und eine Pistole für die Polizei.«
Christian: »Wat? Die müssen sich alle zusammen eine Pistole teilen?«

Christa Antor

Wir stimmen darüber ab, wie der Tafeldienst organisiert werden soll.

Ich sage: »Die Mehrheit entscheidet.«

Nach der Entscheidung meint Christian, der nicht zur Mehrheit gehört:

»Warum soll denn nich mal die Wenigheit entscheiden?«

Christa Antor

Diana fragt mich, ob ich denn schon mal zu spät gekommen sei.

Ich antworte: »Nein!«

»Versuch es doch mal! Komm einfach mal um neun!«

Christa Antor

Ein Besuch von Lehrern aus Litauen steht bevor. Die Kinder sind voller Erwartung. Als der erste Lehrer auf dem Schulhof sichtbar wird, schreit Hanno:

»Achtung! Die Türken kommen!«

Christa Antor

Günter soll sagen, welche Tiere im Wasser leben.

»Fische und Frösche.«

»Weißt du noch mehr?«

»Noch mehr Frösche!«

Christa Antor

Wir übten Einzahl und Mehrzahl.

»Seil – Seile! Was hat das damit auf sich?«

Ludger: »Das eine ist ein kurzes Tau – das andere ist länger!«

Christa Antor

➤

»Peter – wie heißt die Grundform von ›kann‹?«

Peter meldet sich: »Die Kanne!«

Christa Antor

➤

»Wo ist das K bei Kasten – vorne – hinten – oder in der Mitte?«

Marie antwortet: »Daneben!«

Christa Antor

➤

Sie sollen Städte an der Südspitze Afrikas nennen.

Hein schreit nach kurzer Zeit:

»Wir finden die Zugspitze in Afrika nicht.«

Christa Antor

➤

»Was macht der Müller?«

Chris: »Müll!«

Christa Antor

➤

Donald hat Probleme mit den Textaufgaben. Ich versuche, ihm eine Aufgabe so einfach wie möglich zu erklären.

»Frau Schulz hat 400 Mark und kauft sich ein Buch für 10 Mark. Was will man dann dabei wissen?«

Donald: »Wie das Buch heißt!«

Cornelia Schmidt

Ich frage: »Wie können wir Dinge verkleinern? Der Riese hat einen Hut, der Zwerg hat …«

Holger: »Dann würd ich den Hut von dem Riesen ganz groß schreiben und den Hut vom Zwerg ganz klitzeklein.«

Christa Antor

➤

Stefan: »Wozu muß ich das Einmaleins lernen?«

Ich erkläre ihm: »Na, zum Beispiel beim Einkaufen. Du möchtest drei Mars und siehst, ein Riegel kostet 60 Pfennig. Dann kannst du doch ganz schnell drei mal 60 rechnen und dann nachsehen, ob du genug Geld hast.«

Stefan ist nicht einverstanden: »Nö, wieso? Das rechne ich doch nicht aus, dann kauf ich mir gleich nen Dreierpack, ist billiger!«

Christa Antor

➤

Holger: »Frau Antor, ich kriech was aus'm Tatalog!«

Lehrerin: »Holger, sag mal Katalog!«

Holger: »Tann ich nich!«

Christa Antor

➤

In meiner Geschichte ist die Rede von einem Vater, der aus dem Gefängnis entlassen wird und deshalb zu seinem im Heim lebenden Sohn sagt:

»Ich kann dich noch nicht zu mir nehmen. Ich muß erst Boden unter den Füßen gewinnen.«

Ich frage die Kinder, wie das gemeint sein kann.

Tobias: »Das ist wie bei der kleinen Hexe mit den durchgelaufenen Schuhen. Der hatte keinen Boden unter den Füßen und mußte seine Schuhe reparieren lassen.«

Christa Antor

➤

Die Kinder stellten an diesem Tag fest, daß einige acht, die anderen neun Jahre alt waren.

Einer fragte den Jörg: »Wer ist denn nun schneller geboren?«

Christa Antor

➤

Lehrerin entsetzt: »Willi, dazu kannst du doch nicht dein Stofftaschentuch nehmen!«

»Nee«, sagt Marianne, »das geht viel besser mit dem Ärmel.«

Vera Krumsee

➤

Ich habe mitbekommen, daß Svenja der Sandra seit einigen Tagen drei Mark schuldet.

Ich frage sie: »Na, Svenja, hast du Sandras Geld denn heute mit?«

Svenja – ein wenig verlegen: »Ja!«

Und nach einer Pause: »Mir fehlt nur noch ein bißchen was – mir fehlen nur noch drei Mark.«

Christa Antor

➤

Wir sprachen ausführlich über Krankheiten, Ärzte und das Krankenhaus.

Holger erklärte einem anderen Jungen:

»Du kommst dann ins Krankenhaus, und dann schläfern sie dich ein – das haben sie mit mir auch schon mal gemacht!«

Christa Antor

»TARZAN«

In der Religionsstunde erzählt die Lehrerin:
»Gott versprach, es solle ein Kind auf die Welt
kommen, das alle Menschen wieder zurück ins
Paradies führen würde. Wer sollte das wohl sein?«

Sascha: »Tarzan!«

Vera Krumsee

➤

Es ist Januar. Ich frage die Kinder: »Was für ein
Lied wollen wir denn mal singen?«

Andreas: »Schneeflöckchen, Weißröckchen –
dann schneit das ja vielleicht.«

Carsten: »Mann, bist du aber doof! Hast du
denn nicht die Tagesschau gesehen?«

Christa Antor

➤

Die Kinder der 3. Klasse sollten die Verse des
Weihnachtsliedes »Fröhliche Weihnacht« auf-
schreiben, in dem es in einer Strophe heißt:

Denn es kommt das Licht der Welt von des
Vaters Thron.

Gisela schrieb auf:

»Denn es kommt des Vaters Licht von des Va-
ters Drohen.«

A. Bühne

Ich frage: »Wen könnte wohl die Wettervorher-
sage besonders interessieren?«

Liane meint: »Den lieben Gott!«

Christoph: »Mann, bist du blöd – wenn der
liebe Gott irgendwo sitzt, dann über den Wolken.
Und dann is ihm das Wetter hier unten scheiß-
egal!«

Christa Antor

>

Es war 1962, ein ziemlich kalter Winter. Meine
Tochter sollte zum Kommunionunterricht und
jeden Sonntag eine Andacht besuchen. An einem
extrem kalten Wochenende bat ich sie, zu Hause
zu bleiben.

»Mama, unser Herr Pfarrer sagt, das ist eine
große Sünde. Dafür muß man ins Fegefeuer!«

Ich antwortete: »Menschenskind, du sündigst
doch nicht viel!«

»Aber Mama, denk doch an die Sünden, die ich
später noch mache!«

Margot Müller

»WOFÜR BRAUCHSTE HEUT NOCH BRÜSTE?«

Christoph liebt Marie. Er verkündet, daß er sie heiraten will.

Ein Schüler fragt: »Und Frau Antor?«

Christoph antwortet: »Och, die is dann doch längst tot!«

Christa Antor

Bernd sagt der Klasse:

»Als ich gerade geboren war, da wollte der Arzt, daß ich noch im Krankenhaus bleib für ein paar Tage. Der wollte an mir noch was reparieren.«

Christa Antor

»Mama, Frau Müller hat gesagt, dabei hat man schöne Gefühle, man macht es, weil es Spaß macht.«

Die Mutter bemerkt Annes Verunsicherung: »Was denkst du, Anne?«

»Man macht so was doch nur, wenn man Kinder will, denn sonst ist das ja wohl e-kel-haft!!!«

Gisela Ewert-Kolodziej

Holger: »Du, wenn du umziehst, zieht dann dein Mann auch mit um?«

Ich sage ihm: »Na klar! Der gehört doch zu mir!«

Holger: »Sonst hast du ja auch kein Kuscheltier, nä?«

Christa Antor

➤

Aldo leidet sehr darunter, daß sein Vater zu Hause ausgezogen ist.

So sagt er eines Tages: »Uschi (das ist die neue Freundin seines Vaters) – die is ja so gemein. Die hat meinen Vater entführt.«

Christa Antor

➤

»Meine Schwester ist verliebt«, posaunte Martin heraus, »in den Philip aus der vierten Klasse.«

»Aber nur so ein bißchen«, gestand Hanna mit hochrotem Kopf.

»Ich bin aber nicht in den verliebt«, sagte Martin, »der hat mir ne zu rauhe Haut!«

Josefine Konietzko

➤

Die Eltern hatten die Kinder in die Badewanne geschickt. Kai und seine kleine Schwester Lisa (4 Jahre).

Kai: »Du hast aber keinen Penis!«

Lisa: »Dafür kriege ich später Brüste, aber du nicht! Bääääh!«

Sie machte ihm mit den Händen die Form gewaltiger Brüste vor.

Kai: »Wofür brauchste heut noch Brüste! Milch gibt's doch jetzt in Tüten!«

S. Zink/W. Bußmann

Gaukler gaben im Stadtpark eine Probe ihrer Künste. Ein keckes Mädchen ging musternd durch die lockeren Reihen der Zuschauer. Kein Zweifel, die Kleine war auf Männerfang.

Am Ende ihrer Suche landete sie bei mir. Sie setzte sich neben mich ins Gras, grüßte überaus freundlich und rückte dann immer näher an mich heran. Wenig später saß sie auf meinem Schoß.

»Du bist aber nett«, sie streichelte mir übers Gesicht und wagte schon ein Küßchen.

»Spendierst du mir ein Eis?«

Ich war einverstanden.

Wir saßen eine Zeitlang schweigend, dann sprang sie auf und rannte zum Eingang.

»Mama, Mama!« rief sie und so laut, daß es jeder hören konnte: »Ich habe ihn gefunden!«

»Wen?« Die Mutter war verärgert.

»Na, du weißt schon, den richtigen Mann für dich!«

Ich lud auch sie zum Eis ein.

Es blieb nicht bei dem Eis. Es wurde eine längere Affäre daraus, eine Affäre zu dritt.

Dr. Peter Schütt

»AUF DER LINKEN SEITE IM GEHIRN HAB ICH NUR FÄCHER.«

Fernsehen beim Abendessen.

»Karin, du sitzt ja schon wieder mit offener Schnute da!«

»Weiß ich«, kommt die Antwort, »ich hab sie ja selber aufgemacht!«

Martin Selber

➤

Irgendwann holten sie mich. Sie hatten einen toten Sperling in ein Loch gelegt, mit Moos und Blümchen das Grab ausgepolstert.

Ein Kind sagte zu mir:

»Und wenn Sie sterben, begraben wir Sie noch viel schöner!«

Ruth Kellermann

➤

Im zweiten Schuljahr fragt die Lehrerin nach den Berufswünschen der Kinder.

Gregor: »Das weiß ich noch nicht, da muß ich erst warten, bis ich groß bin. Das dauert ungefähr noch 4 Jahre.«

Lena weiß es schon: »Ich werde Frisörin. Da kriegt man ordentlich Milchgeld!«

Vera Krumsee

Christian: »Auf der linken Seite in meinem Ge-
hirn hab ich nur Fächer, die Schubladen sind alle
rechts!«

Christa Antor

Holger kommt nach den Weihnachtsferien in die
Schule. Ich sage zu ihm:

»Na, du hast dir aber einen kleinen runden
Bauch angefuttert.«

Holger erwidert: »Den brauch ich aber auch,
sonst rutscht die Hose!«

Christa Antor

»Die hier hat ihr Schuhband abgebrochen!«

Christa Antor

Paul schläft unterm Dach. Neulich rutschte der
Schnee hinunter.

Da kam Paul in Mutters Bett: »Bei mir sind
Geister!«

»Und was haste gemacht?«

»Ich hab sie angeschrien, sie sollen ruhig
sein!«

Ute Bertels

Der Dezernent der Bezirksregierung inspiziert
die Landwirtschaftsschule und nimmt auf Einla-
dung von »Frau Direktor« mit der Familie das
Mittagessen ein.

Als er verhalten rülpst, sagt ein Kind:

»Prost Schweinchen! Laß die Ferkelchen schön grüßen!«

Hans-D. Zeuschner

≻

Ich wollte wissen: »Warum heißt der Hundefloh wohl Hundefloh?«

Sandra antwortete: »Weil er bellt!«

Christa Antor

≻

Nach Tschernobyl war nichts mehr so, wie es einmal war.

Ein Ehepaar kam an unserem Rastplätzchen vorüber, einen struppigen Mischlingshund an der Leine mit sich führend. Unser Sohn kontrollierte den Hund aus den Augenwinkeln.

Besorgt wandte sich der ältere Herr an Erdmann:

»Na, mein Junge, hast du denn keine Angst vor Cäsium?«

Erdmann, der Mund war von Beeren rot beschmiert, antwortete, ohne den Hund aus den Augen zu lassen:

»Solange er angeleint ist – nicht!«

Michael Möller

≻

»Du, Petra, verpetze mich nicht. Ich hab von Papis Schnapsflasche gekostet. Iiiih! Das schmeckt aber scheußlich!«

»Kannste mal sehen, und da sagen die Großen immer, sie täten sich damit amüsieren!«

Martin Selber

Holger will mit seinen Eltern in den Ferien nach Bayern fahren.

Ich sage ihm: »Oh, das wird aber eine lange Eisenbahnfahrt. Mit neun Stunden mußt du schon rechnen.«

Holger glaubt es nicht: »Nö, das wird nicht so lange dauern! Wir fahrn schon ganz früh los.«

Christa Antor

»MEINE TANTE IST AUF ÜBERHOLUNGSKUR.«

Ich sagte: »Deine Mutter Anne ist richtig lieb, nicht? Ich hab sie neulich kennengelernt und mit ihr gesprochen.«

Carlo: »Was? Lieb? So is die aber nur von außen. Innen drin ist die ein richtiger Teufel, Mann!«

Christa Antor

➤

»Meine Tante, die fährt zur Überholungskur!«

Christa Antor

➤

Ole: »Von meiner Tante kriege ich ein großes Boot mit Fernsteuerung.«

Frau Sachse fragt: »Dann ist deine Tante reich, so wie Zachäus?«

Ole ist empört: »Die ist doch keine Betrügerin, die ist doch Witwe!«

Christa Antor

➤

Eines Morgens sage ich:

»Wir wollen auch bald etwas zum Muttertag basteln.«

Albert ist nicht einverstanden:

»Muttertag? Da geh ich nicht hin! Was soll ich denn da?«

Christa Antor

Holger schwärmt von seinem Hund:
»Der is vielleicht doll – der liebste Mensch!«

Christa Antor

9.
LEBENSJAHR

»Aber bei Elefanten, wie is das da? Kommen die auch aus der Mudder raus?«

Er sinniert, dann denkt er wieder laut: »Oder legen die Elefanten Eier?«

Christa Antor

»SO LANGE LAUFEN, BIS MAN UMFÄLLT!«

– Schulleben –

Gerds Vater belieferte den Lehrer gelegentlich mit Federvieh.

Als der Junge einmal Wut hatte, beschimpfte er den Lehrer:

»Du verdammter Hühnerfresser!«

Hans-D. Zeuschner

Ein Lehrer inventarisiert, was er im Klassenraum vorfindet. Er murmelt vor sich hin:

»Siebzehn Schülertische, ein Lehrerpult …«

Dan sagt: »Nö, Herr Uhle, das ist doch kein leerer Pult. Da sind doch Hefte drin!«

Christa Antor

Ralf weiß nicht, was er mit dem Wort anfangen soll:

»Referendare – sind das gebrauchte oder neue Lehrer?«

Christa Antor

Die Kinder wollen von mir wissen:

»Wie verdienen Sie Ihr Geld?«

Tom: »Die is doch verheiratet!«

Detlef: »Mann, seid ihr blöd! Die is doch Lähererin!«

Christa Antor

Die Lehrerin: »Jan, wenn du weiter so'n Blödsinn machst, ist es aus mit unserer Freundschaft!«

Jan – zu einem Nachbarn: »Die redet 'nen Quatsch, mit der war ich doch nie befreundet!«

Christa Antor

➤

Tetje ist böse auf eine ältere Kollegin.

Tetje sagt:

»Der Direktor hat uns eine funkelnagelneue Lehrerin versprochen – und dann kam SIE!«

Christa Antor

➤

Angelika war vor ein paar Tagen beim Arzt. Ich sage zu ihr, als sie morgens hereinkommt:

»Angelika, du hast ja gar kein Pflaster über dem Auge!«

Sie sagt:

»Ich frier nich!«

Christa Antor

➤

Auch Klaus lacht. Peter kann es nicht mehr aushalten. Langsam steht er auf, stellt sich neben Krappnitz und fragt leise:

»Eh, Krappnitz, über wen lachten ihr?«

»Na, über dich. Dein Hosenstall steht nämlich offen.«

Peter Hoffmann

➤

Auf dem Schulhof spielen die Kinder »Fangen«. Gefangen ist der, bei dem man sagt: 1, 2, 3, tick, tot.

Rolf kommt wütend wieder in die Klasse:
»Der Andreas ist ein richtiger Spielverderber.
Der läßt sich nicht totschlagen!«

Vera Krumsee

➤

Beim Schulfest sucht Peter die Gruppe, zu der
seine Schwester gehört. Er fragt mich.
    Ich antworte: »Oh, das weiß ich auch nicht, da
mußt du mal zu Pontius und Pilatus laufen!«
    Peter: »Und wo sind die?«

Christa Antor

➤

Kai-Uwe sagte nach einer Auseinandersetzung mit
seinem Nachbarn, der gerade zwei Jungen eine
Backpfeife gegeben hatte und anschließend aus
der Pause kam, um sich bei mir zu beschweren:
    »Der hat sich ja selber voll ins Unrecht ge-
schmissen!«

Christa Antor

➤

»Anna, warum hast du gefehlt?«
    »Meine Mutter sagt, mir ging das nicht gut!«

Christa Antor

➤

In der Pause sprechen die Kinder über Alkoho-
liker.
    Annegret sagt: »Und dann zittern seine Hände
am ganzen Leib!«

Christa Antor

Petra fragt ihre Nachbarin:

»Du, hast du auch mitgemacht bei den bunten Jugendspielen?«

Christa Antor

Zwei Schülerinnen haben Knatsch miteinander.

Bärbel ist wütend: »Du – und das sach ich dir – nachher, da kriechst du'n Arsch voll – aber mitten ins Gesicht!«

Christa Antor

Jörg: »Was krieg ich denn nun in Deutsch im Zeugnis?«

Die Lehrerin: »Du bekommst eine Zwei, und ich schreib unten ins Zeugnis, daß du nicht am Unterricht der 6. Klasse teilnimmst, sondern im Lese- und Rechtschreibkurs.«

Jörg: »Oh, das kann ich aber nich! Ich kann nur links schreiben!«

Christa Antor

Es gibt Zeugnisse.

Gabi weint:

»Lauter Vieren!«

Maik tröstet sie: »Och, Gabi, wein man nich! Is doch besser wie gar nichts!«

Christa Antor

Die Schulklasse kommt vom Vergnügungspark zurück. Wir stehen an der Bushaltestelle und holen die Kinder ab.

»Das war schön, bloß in das große Karussell sind wir nicht reingekommen. Da war es so voll. Aber weil wir darüber so traurig waren, hat uns der Busfahrer sechsmal durch den Kreisverkehr gekutscht, und das hat nix extra gekostet. War schön! Und das machen wir das nächstemal auch!«

Martin Selber

➤

Claudia erzählt, sie habe beim Bäcker Bilder von einem Kind gesehen, das ein bißchen doof aussehe und »sonne komische Krankheit« habe. »Die Krankheit fängt mit C an, weiter weiß ich das Wort nicht.«

Abgebildet war ein geistig behindertes Kind. Daneben stand:

»Dieses Kind hat eine Chance.«

Christa Antor

➤

Typisches Schmuddelwetter. Die Lehrerinnen und Lehrer haben Innenaufsicht.

Benno und Holger kommen zum Pult und sprechen mich als ihren Klassenlehrer an:

»Können Sie einen Zehnmarkschein wechseln?«

Jetzt bin ich neugierig und frage nach.

Benno berichtet:

»Also wir haben doch gestern von Ihnen gehört, daß man abgeben muß, was man findet, wenn es mehr als fünf Mark wert ist. Also, wir beide, der Holger und ich, haben heute morgen zugleich diesen Zehnmarkschein auf der Straße gesehen. Wir haben doch beide fünf Mark gefunden. Ja, die brauchen wir doch nicht abgeben. Oder?«

»Benno, aus dir wird noch mal was Besonderes.«

Benno und sein Bruder kamen nach jahrelangen Weltreisen als Artisten und mittlerweile Direktoren des Zirkusses Flic-Flac nach Deutschland. Benno erkannte mich und begrüßte mich freundlich.

»Herzlichen Glückwunsch, Benno! Du bist jetzt mehr als ich: Ich bin Rektor, und du bist Direktor.«

Edgar Mattejat

➤

Ich hatte den Kindern vom Sonnenkönig vorgelesen. Da hieß es:

Der König benetzte sein Gesicht und seine Hände mit Wasser.

Michaela schreit dazwischen: »Morgens machte er Netzwäsche!«

Christa Antor

➤

Ich ermahne die Kinder, nach jedem Punkt groß weiterzuschreiben.

Walter überfliegt seine eineinhalb Seiten Aufsatz und sagt erleichtert:

»Zum Glück hab ich noch keinen Punkt!«

Christa Antor

Während eines Gesprächs über Bewerbungs-unterlagen frage ich die Kinder:

»Was ist ein handschriftlicher Lebenslauf?«

Levent: »So lange laufen, bis man umfällt!«

Christa Antor

>━━

Mutter: »Na, Christoph, wie war das Diktat?«

Christoph: »Sehr gut!«

Mutter: »Warum meinst du das?«

Christoph: »Na, mindestens jedes zweite Wort habe ich richtig geschrieben!«

N. N.

>━━

In Erdkunde fragte ich nach den Polargebieten.

»Seht euch doch mal das Wort an. Da steckt die Lösung drin!«

Hilmar meldet sich: »Ich weiß es, in Polen!«

Christa Antor

>━━

Die Lehrerin erzählt den Kindern, sie fahre in den Ferien in die Türkei.

Darauf sagt Claudia: »Oh, da treffen Sie ja auch Güly!«

Güly ist eine türkische Schülerin, die manchmal in der Türkei ihre Ferien verbringt.

Die Lehrerin: »Nee, das glaub ich nicht! Die Frage ist ja, ob ich genau dahin fahre, wo Güly auch ist.«

Darauf Claudia: »Wieso, gibt es zwei Türkeis?«

Christa Antor

»In Solingen werden lauter scharfe Sachen gemacht, so wie Messer und Rasierklingen.«

>>—

Vera Krumsee

Bei dem Begriff »Tiefebene« hatte Thomas Schwierigkeiten. »Tief« ließ sich ja noch verständlich machen – aber »Ebene«? Langes Rätselraten.
Schließlich kommt ihm die Erleuchtung:
»Tiefebene heißt – das ist eben tief!«

>>—

Christa Antor

In einem Aufsatz:
»… die Mutter nahm seine Tochter ins Arm und küßte seine Tränen.«

>>—

Christa Antor

»Frau Antor, die Einmaleinse kann ich bis auf das 1×3, 1×4, 1×5, 1×6, 1×7, 1×8 und 1×9.«

>>—

Christa Antor

Timo: »Frau Antor, Ali, der hat nur eine halbe Seite im Aufsatz!«
Ich beruhige ihn: »Auf die Länge kommt's nicht unbedingt an.«
Mathis: »Aber auf die Breite, nich?«

>>—

Christa Antor

Wir sind beim Rechteck. Gabi hat große Probleme beim Zeichnen der Rechtecke. Ich mache einen Scherz:

»Du mußt aber auch die Zunge gerade halten!«

Gabi: »Ach so! Daran hab ich noch gar nicht gedacht!«

Christa Antor

———➤———

Tania, die Nachhilfelehrerin, malt ein großes Rechteck, das den größten Teil des Blatts einnimmt. Dann fragt sie: »Na, Michael! Was ist das?«

Michael antwortet: »Ein Achteck!«

Tania: »Wie kommst du darauf?«

Michael müde: »Weil es so groß ist!«

Sabrina Zink

———➤———

Ich frage: »Warum nennt man die Passivform ›passiv‹?«

Detlef antwortet: »Na, der hat das wohl erfunden!«

Christa Antor

———➤———

Wir sprechen über die gesundheitliche Vorsorge.

Claudia sagt: »Ich hab jetzt alle Impfungen beisammen – bis auf die mit der Nuß.«

Sie meinte die Tetanusimpfung.

Christa Antor

———➤———

Ich besuche mit meiner Klasse das Museum. An der Kasse sitzt ein verhutzelter Museumswärter.

Iris: »Ist der auch aus dem 17. Jahrhundert?«

Christa Antor

»EIN SCHNUCKEL«

– Familienleben –

Ein Schüler: »Babys, die weinen immer so, wenn sie Hunger haben.«

Ich frage: »Warum sagen die denn nicht einfach, daß sie Hunger haben?«

Schüler: »Das könn die nich, die haben ja keine Zähne!«

Andreas meint: »Nö, an den Zähnen kann's nich liegen, nämlich wenn mein Vadder sein Gebiß nich drünne hat, dann kann er auch sprechen.«

Christa Antor

➤

»Du, Karin, mein Vati hat mich am Sonntag mit zum Fußballplatz genommen. Da war dolle was los!«

»Das kann ich mir vorstellen!«

»Die sind gerannt, das war ziemlich lustig. Bloß einmal, du, da haben alle gerufen: Faul, faul!«

»Was soll denn das bedeuten?«

»So'n Quatsch! Dabei war der gar nicht faul, der is so dolle losgerannt, daß er dabei noch zwei andere umgerissen hat.«

Martin Selber

»Michi, du bist der Sohn deiner Mutter! Was ist deine Mutter für deinen Vater?«

Michi: »Ein Schnuckel!«

Christa Antor

➤

Übers Wochenende fahren wir zu meinem Bruder und dessen Familie. Auf der Fahrt sagt Donald: »Hoffentlich gibt's bei denen Auffand!«

Ich frage: »Was? Meinst du etwa Auflauf?«

»Nein«, antwortet Donald, »Auffand! Das gibt's doch Weihnachten bei Oma immer. Du sagst dann immer zu Oma: Mach bloß keinen Auffand. Aber ich eß das so gerne!«

Cornelia Schmidt

➤

Gabi erzählt mir eines Morgens:

»Frau Antor, nu bin ich auch noch Oma geworden.«

Ich frage: »Ja, wieso denn das?«

Gabi: »Ja, mein Hase, der hat heute morgen vier Junge gekricht!«

Christa Antor

➤

»Meine Oma, die hat jetzt Telefon!«

Detlef: »Was für ne Nummer?«

Manfred: »Rat mal!«

Christa Antor

➤

Vier Tage vor dem Geburtstag seiner Mutter. Oma: »Aber Thorsten, wenn du die Blumen jetzt

mit nach Hause nimmst, sind sie bis zum Geburts-
tag verblüht.«

Thorsten geht kurzentschlossen in das Geschäft
und sagt zu der Verkäuferin, indem er auf den
Blumenstrauß deutet: »Können Sie mir die Blu-
men bis Dienstag zurücklegen?«

Sabrina Zink

➤

Im Gespräch über Manuels Opa, der »im
Kriech beide Beine ab und auch noch Krebs
hat«, macht ein anderer Schüler lockere Bemer-
kungen.

Darauf sagt Manuel böse:

»Mann, lauf du doch mal so rum – mit ohne
Bein und so!«

Christa Antor

➤

Andreas zu Adnan: »Hast ja nen dicken Kopf!«

Adnan ballt die Faust: »Du, das sachst du nich
noch mal!«

Andreas ganz verängstigt: »Wieso, meine Mud-
der, die hat auch nen dicken Kopp – kannst besser
mit denken!«

Christa Antor

➤

»Mami, darf ich in der Sandkiste spielen?«

»Nein!«

»Mami, darf ich vor die Tür gehen?«

»Nein!«

»Mami, darf ich das Treppenhaus fegen?«

»Ja!«

»Warum?«

Harry Orzechowski

Eines Tages boten die Söhne an, das »Spätstück« am Sonntag um zehn Uhr alleine zuzubereiten, damit die Eltern etwas länger schlafen könnten. Die Eltern stimmten zu; es erfolgte eine lange und ausführliche Einweisung.

Am folgenden Sonntag hatte der Toast die richtige Farbe, die Eier waren nicht zu weich und nicht zu hart; Wurst, Schinken und Käse waren bereit; und der Tisch war hübsch gedeckt und mit Wildblumen dekoriert.

Aber der Kaffee verdiente nicht seinen Namen. Er war kalt und sah aus, als wäre eine Bohne für die ganze Kanne zuständig gewesen.

Am nächsten Sonntag war wieder alles vom Besten. Aber nach dem Eingießen des Kaffees stellte sich heraus: Er war kalt. Die Begründung:

»Naja, wir haben den Kaffee als erstes vor drei Stunden aufgegossen. Ihr habt ja gesagt, der ist das Wichtigste.«

Beim nächsten »Spätstück« aber war der Kaffee wieder kalt.

»Der Kaffee muß warm sein, denn wir haben das Wasser vor dem Aufgießen mehr als eine Stunde kochen lassen!«

Klaus Peter Möncks

»Frau Antor, heute hat meine große Schwester Geburtstag!«

»Dann gratulier ihr man schön von mir!«

Monika ist ein wenig verdutzt. Doch dann sagt sie:

»Meine Mutter fährt hin und besucht sie.«

Ich frage: »Ach, wohnt eure Schwester denn nicht mehr bei euch?«

Monika: »Nö, die is auf'n Friedhof!«

Christa Antor

➤

»Frau Antor, wie wir Hack kaufen wollten, da is meine Oma gestorben.«

Sie erzählt dann, wie der Peterwagen kam und sie nach Hause und die Oma weggefahren wurden.

»Das geht ruck-zuck – das Sterben!«

Christa Antor

»SONNENERGUSS«

– Sexualleben –

Michael hat in den letzten Wochen Sexualkunde-unterricht.

»Du, Mama! Hatte der Papa auch schon mal einen Sonnenerguß?«

Sabrina Zink

➤

»Und wenn man bei dem Kitzler, wenn man da anfaßt – lacht dann die Frau ganz doll?«

Christa Antor

➤

Irgendwann höre ich, wie Ben zu Karin sagte:

»Karin, zeig mir mal, wo dein Pimmel ist!«

Lollo verständnisvoll zu mir:

»Ach, Sabrina, mach dir keine Sorgen! Die Karin weiß schon, wo der ist!«

Sabrina Zink

➤

Andi ist enttäuscht von Tanja:

»Erst liebt sie mich bis zum Totgehen, und dann geht sie fremd!«

Christa Antor

➤

»Die kriegt in zwei Jahrn 'n Kind!«

Claudia: »Aber das dauert doch nur neun Monate!«

Angelika läßt sich nicht irritieren:
»Die kriecht aber auch gleich zwei!«

Christa Antor

➤

Barbara kommt aus der Pause zu mir:
»Du, Frau Antor, ich hab sonne Bauchschmerzen. Ich hab nämlich meine Regel gekriecht.«
Sabine: »Mann, Babsy! Dann mußt du nach Hause. Das steckt an!«

Christa Antor

➤

Eines Tages bringt Mehmet ein Minibuch mit:
»Deutsche Liebesgedichte«.
Alex fragt ihn: »Oh, schenkst du mir das?«
Turan: »Nee, tu das nich, der kriecht sowieso keine Gefühle.«

Christa Antor

»DIE EIER HEIRATEN.«

– Tierleben –

Filiz erklärt, wie aus den Eiern Läuse werden:
»Die Eier heiraten, und dann kommt ein ganz kleines Baby raus!«

Christa Antor

>

»Aschenputtel mußte schon früh aufstehen, Wasser schleppen, Wäsche waschen, putzen …«
Maik – im gleichen klagenden Tonfall: »Und Eier legen!«

Christa Antor

>

»Seht euch einmal den Blinddarm genauer an! Vielleicht kommt ihr darauf, warum dieser Teil des Darms so genannt wird!«
Inge weiß es: »Weil er keine Augen hat!«

Christa Antor

>

»Meine Tante, die hat ganz kleine Hunde.«
Thorsten fragt: »Sind das junge?«
»Nö, Mädchen!«

Christa Antor

>

Gabi Nehm berichtet: »Frau Antor, wir haben drei Hamster zu Hause. Die heißen Oskar, Mucki und Goldi!«

Bärbel will wissen: »Und wie weiter?«

Gabi: »Oskar Nehm, Mucki Nehm und Goldi Nehm!«

Christa Antor

>

»Michael, hast du 'n Hund?«

Michael: »Nee, ne Schwester!«

Christa Antor

>

Filiz berichtet von den Hühnern ihres Großvaters: »Die verlieren alle ihre Blätter!«

Christa Antor

>

Tom hat durch meine Vermittlung einen Hund bekommen. Ich erkundige mich danach, ob er mit dem Hund zufrieden ist.

Er sagt: »Oh, Willi is prima. Nur der Name gefällt mir nich.«

Ich schlage vor: »Dann tauf ihn doch einfach um!«

Tom: »Nö, dann beißt er mich nachher!«

Christa Antor

>

Tetje will eine Wespe erschlagen.

Claudia ruft: »Laß sie doch leben, is doch auch nur 'n Tier – wie wir!«

Christa Antor

»RAUMSCHIFF ENTERPRISE«

– Leben mit Jesus –

Michael: »Ist das Jesus?«

Tobias: »Ja!«

Michael: »Schade, daß Jesus tot ist!«

Tobias: »Der ist doch gar nicht tot!«

Michael: »Wie, natürlich ist der tot!«

Tobias: »Nein, der ist doch wieder auferstanden.«

Michael: »Ja, aber trotzdem ist er jetzt im Himmel.«

Tobias: »Ja, aber der ist aus dem Himmel wieder rausgeflogen.«

Michael: »Wie? der kann fliegen?«

Tobias: »Ja, klar!«

Michael: »Wie denn, hat der denn Flügel?«

Tobias: »Nein, der fliegt ... ich glaube ... mit den Händen!«

Michael: »Das ist aber ganz schön schwer, so immer rauf und runter.«

Tobias: »Ja, immer so!«

Er rudert mit den Händen auf und ab.

Michael: »Oder der fliegt mit den Füßen.«

Tobias: »Oder wie ein Flugzeug! Hihi!«

Michael: »Oder wie ein Hubschrauber!«

Beide kichern.

Tobias: »Ich hab keine Lust mehr zu lesen.«

Michael: »Ich auch nicht. Komm, wir spielen Raumschiff Enterprise!«

Monika Kühn

>———

Das Leben im Kloster ist unser Thema.

»Mann, und wenn sich dann mal rausstellt, daß es gar kein Gott gibt, dann ham die da ihr ganzes Leben verbracht. Die sind dann doch echt angeschissen!«

Christa Antor

>———

Frau Ohligs erkundigt sich, ob die katholischen Schüler auch in der Kirche gewesen seien, und fordert sie auf, davon zu erzählen. Toni berichtet:

»Och, fast am Schluß, da macht er so'n Panzerschrank auf, und dann kriecht jeder 'n Keks!«

Christa Antor

>———

Die Lehrerin fragt: »Warum durften Adam und Eva nicht von dem Baum essen?«

Gerald antwortet: »Vielleicht war der gespritzt?«

Christa Antor

>———

»Die Germanen glaubten an viele Götter. Wenn es donnerte, meinten sie, der Gott Donar habe seinen Hammer auf die Erde geworfen.«

Marco dazu: »Und wenn es regnete, glaubten sie wohl, daß der pieschert.«

Christa Antor

»HALLO BRANDSTIFTER!«

– Leben mit Risiko –

Eines Tages kam ein Kriminalbeamter und brachte mir handgeschriebene Zettel meines Sohnes, die dieser in der Stadt an verschiedenen Stellen angeklebt hatte:

»Hallo Brandstifter! Die Feuerwehr fährt am Samstag mit dem Bus weg. In der Schule gibt es viel Holz.«

Ingo Cesaro

10.
LEBENSJAHR

»Ja«, so begann er mutig, »die meisten Tomaten kommen ja aus dem Zuchthaus.«

»Woher?« erkundigte sich der Schulrat.

»Ja, aus dem Zuchthaus!« bekräftigte Jürgen.

»AUS DEM ZUCHTHAUS«

Im Sachkundeunterricht ging es um die ersten Steinhäuser. Die Lehrerin erklärte:

»Die Menschen suchten sich passende Findlinge und setzten sie so aufeinander, daß immer die glatte Seite nach innen zeigte. Warum haben sie das wohl so gemacht?«

Franz wußte es: »Da konnten sie besser tapezieren!«

Vera Krumsee

➤

Die Klassenlehrerin erzählt von einer Neuerung – und sagt zur Unterstützung der neuen Kolleginnen: »Dann beteiligt euch schön und blamiert mich nicht!«

Am zweiten Tag ist die erste Sportstunde. Während die Kinder auf dem Weg zur Turnhalle sind, stürzt Beate plötzlich zurück, um ihre Klassenlehrerin zu fragen:

»Welche war das noch? Die von Sport oder Musik, die wir nicht ärgern sollten?«

Vera Krumsee

➤

»Du ... Du ... Du ...« sie keuchte schwer. »Du!« entrang sich ihr – und dann platzte der ganze aufgestaute grammatische Frust der letzten Wochen in einem Anflug von Hysterie aus ihr heraus:

»Du Prräpositionalschwein!!!«

German Franzen

➤

»Die Biene ist … die Biene ist … ja, man kann eigentlich sagen: Die Biene ist ein sehr arbeitsamer, fleißiger Mensch!«

A. Bühne

➤

Norddeutschland. Anna: »Na, deine Mutti hat dir aber eine Menge Marschverpflegung mitgegeben!«
Trixi: »Wieso? Ich denke, wir gehen ins Moor?«

Vera Krumsee

➤

Der Schulrat wandte sich an die Lehrerin und fragte sie. Sie habe den Kindern erklärt, daß heute viele Tomaten in den Treibhäusern gezogen wurden.
»Ja, das ist natürlich etwas anderes«, nickte der Schulrat. »Also, wo kommen die Tomaten her?«
Jürgen: »Aus dem Zuchthaus!«

A. Bühne

➤

»Wie heißen die drei Atlas-Länder?«
Eine Schülerin hatte geschrieben:
»Algerien, Tunesien und Rokoko.«

Anni Becker

Peter bringt einen Maikäfer mit in die Schule.

»Was!« ruft die Lehrerin, »jetzt, Ende Februar, ein Maikäfer? Das ist ja ein Wunder, das muß in die Zeitung!«

In der Pause wird Peter umringt.

»Jetzt hab ich sie aber mal reingelegt«, triumphiert Peter. »Den Käfer habe ich noch vom vorigen Jahr gehabt!«

Martin Selber

Thomas Becker ging mit zwei Mädchen aus seiner Klasse in Richtung Schulbus.

Franziska sagte zu Tina Bäcker, indem sie zu Thomas hinüberblinzelte:

»Wenn du Thomas heiratest, verlierst du noch nicht einmal deinen Namen.«

Tina Bäcker: »Nein, aber das kleine ä!«

Anni Becker

»KANN DIE OMI
KINDER KRIEGEN?«

Nachbarschaftshilfe. Neulich klingelt es.

Ein kleiner Junge steht vor der Gartentür:

»Wir wollen ihr Papier und die leeren Flaschen wegbringen.«

Im Abgehen höre ich, wie der Anführer zu seiner Truppe sagt:

»Mann, müssen die gesoffen ham!«

Martin Selber

> ➤

»Du, Berti, die Omi will noch mal heiraten.«

»Das machen doch viele alte Leute.«

»Kann die Omi dann noch Kinder kriegen?«

»Ja, aber alte.«

Harry Orzechowski

> ➤

»Mami, du hast immer gesagt, wer beim Essen schmatzt, ist ein Schwein.«

»Ja, das stimmt.«

»Opa, jetzt weißt du, was du bist!«

Harry Orzechowski

> ➤

Die 4. Klasse sieht den Film »Lustige Tiere«. Es wird auch ein Affe mit Blähungen gezeigt, der sich den Kopf hält.

Ein Junge ruft:
»Wie mein Papa!«

Hans-D. Zeuschner

Vater hält eine längere Sitzung.

Da wird ein Zettel unter der Klotür durchge-
schoben:

»Wenn du noch einmal rauskommst, muß ich
dich dringend sprechen!«

Hans-D. Zeuschner

»Du, Berti, warum schlägst du immer mit dem
Stock auf die Maus?«

»Eve, du siehst doch, ich schlage die Maus tot.«

»Aber, Berti, die Maus ist doch schon tot.«

»Das macht nichts, dann schlag ich sie eben
noch töter.«

Harry Orzechowski

11/12.
LEBENSJAHR

»Siehst du, Papi, diese Tiere muß man einfach liebhaben, schon weil sie so menschlich sind.«

Harry Orzechowski

»VERDIENEN IDEOLOGEN VIEL GELD?«

Der Stil der Möbel paßte nicht zur Mutter, fanden die Töchter.

Mutter: »Als wir diese Möbel gekauft haben, war euer Vater völlig verliebt in sie gewesen.«

Die Töchter – nach einer Weile:

»Mama, wir haben's uns überlegt. Wir können den Papa behalten.«

Gisela Schalk

➤

»Aber Eve! Als Kind geht man mit gutem Beispiel voran. Die Erwachsenen haben ihre gute Kinderstube meist schon vergessen!«

Harry Orzechowski

➤

»Ich heirate nicht, ich will mit den Weibern nichts zu tun haben. Ich mache es wie Old Shatterhand. Der mußte sich einmal entscheiden, ob er eine Frau heiraten oder sich martern lassen sollte. Da hat er sich lieber martern lassen.«

Dirk Hoffmann

➤

Einige Jungen hatten versucht, sie zu ärgern.

Diane: »Hahaha!!! Und ich kann bumsen, so viel ich will – ich hab ja noch nich meine Regel!«

Christa Antor

»Du, ich muß dich was fragen.«

»Na, dann frag!«

»Also in meine Klasse geht doch der Rolf. Der hat eine große Schwester. Die kriegt jetzt ein Kind.«

»Ja, und?«

»Du hast mir mal erzählt, wenn was Junges geboren wird, müssen vorher, na, bei den Tieren eben Männchen und Weibchen und bei den Menschen Mann und Frau zusammengewesen sein.«

»Ja, und?«

»Das versteh ich dann aber nicht. Rolfs Nachbarin hat erzählt, die Bärbel hat keinen Kerl dazu.«

Margit Kietze

➤

Ich bin Hauptschullehrerin und 46 Jahre alt.

Ein Schüler in der vorderen Reihe dreht sich um, als er mein Gemurmel hört.

»Ohne Brille spielt sich nichts mehr ab«, sage ich zu ihm, während ich mich erhebe.

Sein Kommentar:

»Das ist bei meiner Oma auch so!«

Ursula Lange

➤

In einem Jugendheim absolvierte ich ein Praktikum. Für die im Heim verbliebenen Jungen sollte ich während der Ferienzeit die Heimleitung vertreten. Eine etwas knifflige Aufgabe, wie sich bald herausstellen sollte. Insbesondere bei einem schwer verhaltensgestörten Jungen. Ich bestrafte ihn mit einem Aufsatz. Am darauffolgenden Tag präsentierte mir der Junge seinen Aufsatz:

»Wie man sich in der Gemeinschaft zu verhalten hat, müssen Sie, liebes Fräulein, doch am besten wissen, denn sonst hätten Sie mir dieses Thema ja nicht gestellt.«

A. Bühne

»Die Apothekerin hat gesagt: Das muß angefertigt werden. Und dann: Wollen Sie warten? – Stell dir vor, zum erstenmal hat jemand Sie zu mir gesagt!«

»Hm«, meint Karin, »die wird ne neue Brille brauchen!«

Martin Selber

Unser Sohn hat die Gewohnheit, die Spülung nicht zu betätigen, wenn er auf der Toilette gewesen war. Trotz wiederholter Aufforderung und der Androhung von Strafen wie Fernsehverbot oder das Verbot, am Samstag Fußball zu spielen, änderte er seine Gewohnheit nicht.

Als ich wieder einmal die Bescherung entdeckte, holte ich ihn und gab ihm »zur Belohnung« 50 Pfennig.

Er starrte mich an und sagte:

»Willst du mich auf den Arm nehmen?«

Ich antwortete ihm nur, daß er das Geld nehmen könne, und legte es auf den Tisch. Dort lag es eine Woche – bis ich es wieder zu mir nahm.

Es sind nun etwa sechs Monate seit meiner »Erziehungsmaßnahme« vergangen. Alex hat seitdem nie mehr vergessen zu spülen, wenn er die Toilette benutzt hatte.

Willi Bußmann

Beim Bezahlen im Eisladen fehlt ein Pfennig. Kalli stöbert und stöbert.

Der Eismann ruft:

»Da ist ja noch einer!«

»Den geb ich nicht her. Das ist mein Glückspfennig!«

»Hat er dir denn schon mal Glück gebracht?«

»Immer! Mein Geld wird nie alle.«

»Donnerwetter!«

»Ja, ein Pfennig ist immer drin!«

Martin Selber

»Du, Berti, Tacis Vater ist Ideologe. Verdienen Ideologen viel Geld?«

»Ideologen brauchen kein Geld, die leben von der Ideologie.«

»Essen die das mit Messer und Gabel?«

Harry Orzechowski

Plötzlich kommt der Wagen ins Schleudern. Da ruft Karin hinter uns:

»Haaaach, war das schön! Mach das noch mal!«

Martin Selber

MONSTER, POETEN,
INFORMANTEN

Monster
Zwischen Glotze und Kreativität?

»Das amerikanische Durchschnittskind sieht 5000 Stunden fern, bevor es in die Schule kommt; rund 16000 Stunden bis zum Schulabschluß. Die einzige Beschäftigung, die mehr von der Zeit eines amerikanischen Jugendlichen einnimmt als Fernsehen, ist – schlafen.« (Neil Postman, *Frankfurter Rundschau*, 2. März 1985)

Fänden wir in Deutschland Kinder stets vor der Glotze, hätte die Mattscheibe aus ihrer Vorstellungswelt einen Eintopf aus MacDonald's und Crime, aus Licher Pils und dem Gestammel aus Sprechblasen sowie der Sekundenwelt der Serien und dem Zucken greller Videoclips angerührt. Ihre Wahrnehmung der Welt wäre die dicke Suppe aus den aneinandergereihten Kürzestpassagen, gesendet von über 28 Fernsehkanälen.

»Heute arbeiten mit dem Jugendschutzchip auch Sat 1, RTL 2, Vox und Pro Sieben, und der V-Chip [V steht für »violence« = Gewalt] steckt in praktisch jedem neueren Fernsehgerät deutscher Fertigung drin. Na also!« »Aber«, so heißt es an anderer Stelle dieses Beitrags in der *Zeit*: »die Zeitschaltuhr, der V-Chip (der den Fernsehkonsum der Kinder verhindern soll), die Geheimnummer – sie knacken alles.« Sie, unsere Kinder, die immer siegen, wenn sie den Fernsehkonsum in der Familie durchsetzen wollen. »Die Eltern wollen nicht, daß das Kind fernsieht«, aber »das Kind will fernsehen«. Und es wird »fernsehen, wann immer es will – letztendlich«, so B. Straßmann in *Die Zeit*.

Die Eltern, die guten unter ihnen, wollen vielleicht das kleine Monster verhindern?

»Jungen (15 und 18 Jahre) spielten Krieg und stachen im Wald kleine Mädchen nieder – Neunjährige starb – Freundin verletzt«, wird in der *WAZ* (Essen, 21. 11. 86) berichtet. Die Zeitung kennt auch schon den Grund des »Verbrechens«. Sie schreibt: »Die beiden Jungen wurden einige Stunden später von der Polizei festgenommen. Sie legten inzwischen ein Geständnis ab. ›Wir hatten Horrorfilme gesehen und wollten mal selber ein Mädchen umbringen‹.«

Nun ist es erkannt: Das Kind unserer (Fernseh-)Zeit kann nicht das werden, was wir, die Erwachsenen, die gestandenen Erzieher, begabten Lehrer oder rüstigen Großeltern sind: die tatkräftigen Menschen, mit zwei Beinen auf dieser Erde, die eine Welt wahrnehmen, analysieren, um sie schöpferisch zu gestalten (oder zu zerstören?). Weil sie fernsehen, sind sie nicht von dieser Welt. Sie assimilieren und akkommodieren die Kunstwelt der Flimmerkiste. Nach dem Schlürfen der

Fernsehwelt schlafen sie ihre acht Stunden, träumen von jenseitigen und zuckenden Figuren des Flimmerns und regulieren die Inhalte ihrer kleinen Köpfe in aufregenden Traumsequenzen eben abartig anders, fernsehgemäß, um gerüstet zu sein für den kommenden Tag vor der Glotze, an dem sie stets als drahtige oder dickliche Monster erwachen. Sprechen sie nicht auch in Fetzen bei Kakao und Marmeladebrot am Morgen beim Frühstück (sollte es das noch geben?), die wir nicht mehr verstehen? Die ErzieherInnen in Kindergärten wissen es auch: Morgens herrscht die Sprache der »anderen Welt«, speziell an den entsetzlichen Montagen, dienstags auch noch und freitags schon wieder. Die Lehrer berichten von den Pausenhöfen, wie sie sich in die Unterleibe treten und wie Jungen die Mädchen mit Waffen drangsalieren. Man hat davon gehört. Sind sie uns nicht auch fremd geworden in ihrer Gier nach Horror und Crime? Sind sie denn noch unsere Kinder, wie wir sie gewollt haben?

Basteln wir am richtigen Bild vom Kind dieser Zeit? Die Klagen über die Verrohung der Kinder und Jugendlichen durch die Gewalt im Fernsehen (die natürlich von netten und vielleicht pazifistisch gesinnten Erwachsenen produziert wird) sind bekannt. Ist es aber ein Zufall, daß es keine vernünftige vergleichende Untersuchung über aggressives Verhalten in den 50er und 90er Jahren gibt? Eine Dokumentation über Gewalt von Kindern begann mit der Aufzählung der Gewalttaten von Grund- und Hauptschülern und der verwendeten »Waffen«. Ich reagierte wie jeder Zuschauer, indem ich dachte: »Genau so ist es heute!« Kaum hatte ich es ausgesprochen, sagte der Sprecher, das seien die Gewalttaten der Schüler vor 20 Jahren – über die sich damals die Lehrer beklagten, entnommen einem Bericht der Hamburger Schulbehörde, der nie veröffentlicht wurde.

Kommen wir in unserem Urteil über Kinder ohne die Weisheiten von Stammtischen aus? Neil Postman ist ein kritischer Beobachter, aber hat diese Einseitigkeit in der Beurteilung der Effekte aus dem Fernsehkonsum nicht dazu beigetragen, daß wir ungerecht sind? Daß wir schon gar nicht mehr hören, was Kinder zu bieten haben?

Wir sind besser dran! Wir haben sprachliche Äußerungen von Kindern zusammengetragen. Von Kindern, die der Sprache mächtig sind. Wir, die Eltern, Erzieher und Lehrer, hätten sie schon immer haben können, denn wir haben sie alle irgendwie gehört und auch nebenbei vernommen, vielleicht aber nicht wahrgenommen. Unter Umständen nicht die richtigen Schlüsse daraus gezogen? Wir haben gehört und vielleicht doch nicht zugehört. Im Vorhof unserer Wahrnehmung haben wir ihre Sätze, ihren Witz, ihre Äußerungen über diese unsere Welt abgestellt und verrotten lassen. Ihre Aussagen sind vielleicht in unsere Herzen, in jedem Fall aber nicht bis zu unserem

Verstand vorgedrungen. Wir huldigen sicherlich – als statistische Mehrheit allemal – der Vorstellung vom unrettbar verlorenen Fernsehkind, dem typischen Zeitkind. Selbstverständlich! Einzelne Prachtexemplare sind ausgenommen. Mein Kind natürlich, das von lieben Freunden und nächsten Bekannten auch. Unser Bild vom Kind ist in diesem Fall ein Vorurteil, ein Urteil im Vorhof des Wahrnehmens oder Denkens. Nicht das Kind ist unser Problem, scheint mir – sondern unser Bild von ihm!

Betrachten wir die hier vorliegenden Aussprüche von Kindern, brauchen wir keinen pädagogischen Zeigefinger, um ahnen zu können, daß Kinder über Instrumente verfügen, mit deren Hilfe sie eine Welt erfassen, die vermutlich ihre reale Welt ist. Es darf uns peinlich sein, falls wir kleinmütig verzagt waren ob der vermeintlich verengten Fernseh-Weltbilder dieser Kinder. Wir dürfen rot werden, falls wir noch imstande sind, aufrecht einzugestehen, welchen Unsinn wir uns über das Seelenleben des Kindes zusammengereimt haben.

Nicht nur die Präzision der Kombination von Daten, die Kinder mit ihren Fähigkeiten zusammenfügen, ist, was uns bei der Lektüre der Anekdoten bewegt. Es ist vor allem etwas anderes, was fasziniert: Die sich aus Unbekümmertheit, Impulsivität und grenzenlosem Einfallsreichtum entwickelnde Kreativität. Sie rührt uns an, fesselt uns und verschlägt uns gelegentlich den Atem. Gemessen daran sind unsere wohlerzogenen Sätze und angepaßten Wendungen ausgewogen bis langweilig, angeschmuddelt bis blaß, blutleer und einfach öde. Dieses Urteil könnte sich auch schon allein aus der Direktheit und Geradheit dieser kindlichen Äußerungen ergeben. Können wir uns daran noch erfreuen?

Die Kinder, von deren Anekdoten in diesem Buch berichtet wird, zeigen eben nicht das, was wir gewöhnlich erwarten, was der Psychologe Guilford »konvergentes Denken« nennt oder das Gewöhnliche, was sich die Schlauen unter uns schon »gleich gedacht« haben, was sich jeder halbwegs Normale eben auch in seinem Gehirnkasten basteln kann. Nein, es ist das Unerwartete, Ungewöhnliche, manchmal Irrwitzige und wohltuend Abwegige, das »divergente Denken« (Guilford, *Wörterbuch der Psychologie*) eben. Selbst »Kreativität« klingt da schon abgenutzt, verstaubt; riecht nach Pädagogik oder der Maßeinheit von Intelligenzquotienten.

Ein Argument gegen all diese Überlegungen wird sicher sofort aufkommen: Die Kinderanekdoten, das sind doch die Blähungen privilegierter Kinder aus einer heilen Welt und gestylten Familienidyllen – letztendlich die Abziehbilder der geordneten Lebensentwürfe ihrer Eltern. Daß dieses Argument nicht zutreffend ist, läßt sich aus einigen Äußerungen erahnen wie »Mama, schon wieder ein Papa!« – »Bei meiner Mama kommt nur Luft raus.« – »Zu meinem Popo darf ich ruhig Arsch sagen.« – »Wofür brauchste heut noch Brüste? Milch gibt's in Tüten!«. Das sieht eher nach den sehr individuellen Bildern der Kinder von dieser Welt aus.

Ein Großteil der Anekdoten dieses Buches kommt überdies von Grund- und Sonderschülern. Aufgezeichnet von Lehrerinnen, seltener von Lehrern. Das sind eben nicht die wohlbehüteten Kinder ohne Glotze in der Wohnung oder mit dem alljährlich gebuchten Urlaub in Süd- oder Nordeuropa. Es sind sehr oft die Kinder, die sich mit ihrer Familie, der Schule oder auch mit ihren Freundinnen und Freunden intensiv und manchmal knallhart auseinandersetzen müssen, um würdig zu überleben.

Poeten

Man bemerkt bei der Lektüre der Kinderanekdoten bald, daß »ein Verfahren der Produktion« der Anekdote deutlich erkennbar ist. Es ist gleichzeitig ein Verfahren, das Dichter schon immer genutzt haben, um neue Wege zu gehen, um Neues zu schaffen oder zu erschaffen. Die Technik ist nicht auf den Umgang mit Worten beschränkt; sie ist in der Bildenden Kunst ebenso beliebt wie zum Beispiel in der Fotografie. Die Technik ist sehr einfach und doch wirkungsvoll:

Das Element – ein Wort, ein Detail – wird aus dem Zusammenhang, aus dem situativen Kontext oder aus der gewohnten Umgebung genommen. Es wird seiner gängigen Definition enthoben – und überraschend kombiniert mit neuen situativen Bedingungen, damit aber einer anderen Definition zugeführt: »30 Kilo Fieber« – »Mein Baby hat schon den ganzen Mutterkuchen aufgegessen.«

Mit der Kombination wird etwas geschaffen, was vorher nicht existierte. Es ist so originell – auch im statistischen Sinne, womit solche Kombinationen jedem Kreativitätstest standhalten würden –, daß es einmalig im wahrsten Sinne des Wortes ist, also auch per Definition. (Guilford hätte seine Freude daran.) Und diese neue Realität existiert – wie zum Beispiel das Gedicht, das diese Technik verwendet – zuerst einmal im Kopf des Kindes bzw. nun im Wort. Es ist vor allem eine poetische bzw. ästhetische Realität.

Ein Jammer, daß nicht mehr dieser poetischen Wendungen der Kinder aufgeschrieben und gesammelt werden. Welche Kreativität geht uns tagtäglich verloren! Die Erwachsenen hören – und vergessen es, zumindest meistens. Nun bleibt uns bei einigen wenigen Anekdoten unserer Kinder die Erinnerung an diese Poesie und damit die Freude daran. Dieses Buch soll helfen, sich an mehr zu erinnern.

Der Transfer des Elements kann zeitlich sein, wie hier bei der Ermahnung, die das Kind an die

Mutter richtet: »Mama, deine Fingernägel sind zu lang! Die mußt du mal wieder abknabbern!« Die Mutter wird hier in eine Kinder-Umgebung verfrachtet, in der sie natürlich die Fingernägel abknabbern kann, sobald es nötig ist. Oder die grammatische Struktur wird verändert: Aus dem Substantiv wird ganz selbstverständlich ein Verb gemacht: »Ich hab dich verspaßvogelt!« Und auch die gewohnte Satzstruktur wird geknackt: »Das kann doch nicht wohl wahr sein!«

Ich möchte daraus keine pädagogischen Konsequenzen ziehen, indem ich auffordere, von den Kindern in diesem Sinne zu lernen. Wir könnten es fürwahr! Natürlich ist diese beschriebene Technik auch nicht die einzige; das kann man sich vorstellen. Die Produkte der Kinder sind nicht so einfach zu ordnen. Jeder Leser, das bilde ich mir ein, wird selbst bemerken, daß die Auseinandersetzung mit der kindlichen Phantasie – vor Ort sozusagen – eine unerschöpfliche Quelle sein kann und daß eine kontinuierliche und lustvolle Interaktion mit den jüngeren Poeten unter uns die Ignoranz und Arroganz gegenüber der kindlichen Vorstellungswelt ganz von selbst abbauen würde. Jeder, der das kapiert, wird auch flugs begreifen, wer eigentlich gefördert werden müßte! Eine kindlichere Welt wäre allemal eine bessere.

Ätsch! könnte man jetzt sagen. Meine Weisheiten wollen doch nur über einen banalen Tatbestand hinwegtäuschen: Kinder in der Entwicklung

können natürlich noch nicht vollkommen sein –
das sieht man am Gebrauch ihrer geistigen Werk-
zeuge. Das Geschwätz über kindliche Kreativität
ist nichts weiter als der aufgemotzte Sachverhalt:
Die Kleinen sind noch nicht soweit oder am krau-
sen Bäumchen angelangt – und machen deshalb
Fehler. Fehler sind das, was ich Kreativität nenne.
Erfrischend fände ich die eben nur, weil ich als Er-
wachsener etwas anderes erwartete, also über-
rascht werde von einer Sicht der Dinge, die nicht
»erwachsen« ist, aber zweifellos noch werden
wird. Na und! Wenn schon! Wer das glauben will,
soll es weiterhin tun. Allerdings will ich mit dem
Buch den Versuch machen, den Pessimisten – so
will ich sie hier einmal nennen – ein Lächeln ab-
zuringen.

Das Ende der Kreativität?

Ich hatte mir vorgenommen, Anekdoten von Kin-
dern und Jugendlichen bis zum 18. Lebensjahr zu
sammeln. Nun stelle ich fest:

Etwa 95% aller Anekdoten sind dem Alter von
1–10 Jahren zuzuordnen. Wären sie gleichmäßig
über alle Altersstufen verteilt gewesen, hätte ich
für die Kinder bis zum 10. Lebensjahr etwa 55%
haben müssen. Eine kleine Überraschung sicher-
lich! Denn in dieser Eindeutigkeit hätte ich die
tatsächliche Verteilung der Anekdoten auf die Al-
tersstufen nicht erwartet.

Sind also vor allem die Kinder bis zum 10. Lebensjahr »kreativ«? Danach bestenfalls »intelligent«? Liegt es am selektiven Blick der Aufzeichnenden – meiner Informanten und mir, die der Kreativität der Heranwachsenden oder Jugendlichen nichts mehr abgewinnen können? Oder hilft uns J. Piaget, der den Beginn der eigentlich »formalen Denkoperationen« um das 10. Lebensjahr ansiedelt? Der Denkvorgang ist dann nicht mehr anschauungsgebunden. Der Jugendliche vermag nun Annahmen gedanklich zu verarbeiten. Er kann dabei zu Schlüssen kommen, deren Richtigkeit nicht durch tatsächliche, konkrete Handlungen in der Realität überprüft werden muß.

»Fünf Flaschen mit farblosen Flüssigkeiten stehen vor der Versuchsperson. Mischt man die Inhalte von den Flaschen 1, 3 und 5, dann erhält man eine braune Flüssigkeit. Die vierte Flasche enthält eine Flüssigkeit, die die braune Farbe wieder rückgängig macht, und die zweite Flasche enthält eine neutrale Flüssigkeit. Das Problem besteht darin, die braune Flüssigkeit zu mischen. Jugendliche, die formale Denkoperationen bewältigen, entdecken die Lösung Schritt für Schritt, indem sie verschiedene Möglichkeiten logisch vereinigen und die Wirkung der Neutralität der gemischten Flüssigkeit bestimmen.« (J. Piaget, *Psychologie der Intelligenz*) Salopp ausgedrückt: Die Jugendlichen dieses Alters kommen zu den Lösungen, die die Kultur der Erwachsenen (Mitteleuropas) von ihnen erwartet. »Kreativität« im Sinne von Guilford, das Irrwitzige und Ungewöhnliche im Denken, das geringe Ausmaß an Angepaßtheit, ist nicht mehr zu erwarten? Sie haben Grundlegendes internalisiert; sie operieren von nun an mit den tradierten geistigen Werkzeugen und jonglieren mit den Inhalten, die sie in unserer Kultur mühsam lernend sich angeeignet haben. Nun sind sie kurz davor, erwachsen zu sein. Sie sind das geworden, was sie – den Erwartungen der Wissenschaftler und ihrer Erzieher gemäß – schon immer werden sollten, zumindest sind sie auf der letzten Stufe ihrer geistigen Entwicklung formal angekommen: Sie sind die kleinen Erwachsenen, die schon verdammt gut kapiert haben, was läuft. Divergentes – in Gedanken, Worten oder gar Werken – wird nicht mehr ohne Sanktionen geduldet werden. Nützliche Einsichten!

Sind sie nun den Erwachsenen, den Eltern und Lehrern, schließlich den Vorbildern ähnlich? Sind sie im Alltag der Erwachsenen aufgegangen, sind sie den vielfältigen Bemühungen der Erziehung qualvoll erlegen, daß das Andersartige nicht mehr als Anekdote registriert, sondern als Unbotmäßigkeit geahndet wird? Womit es aus dieser Kategorie »Kinderanekdote« endlich – und Gott sei Dank – ausscheidet?

Informanten

Erwähnenswert erscheint mir auf alle Fälle: 59 der 84 Informanten, die mir die Anekdoten – mündlich oder in schriftlicher Form – überließen, sind Frauen. Dies ist nicht überraschend, aber doch eine Hypothese wert: Frauen registrieren die Äußerungen von Kindern häufiger und präziser. Sie sind dem Kind allemal näher, sie haben den Blick und das nötige Einfühlungsvermögen.

Männer leben offenbar auf »einem anderen Stern«. Die männlichen Informanten sind in der Mehrzahl Lehrer – oder Großväter. Ein paar Schriftsteller sind zum Schluß dazugekommen. Männer, so läßt sich vermuten, treten kindlichem Denken nicht freundlich gegenüber. Sie haben nicht selbstverständlich ein Ohr dafür. Fürchten sie sich vor der Kreativität der Kinder oder ihrer Unberechenbarkeit? Sind sie ganz einfach im Kerker ihres Egozentrismus gefangen?

Statistisch sind sie wahrscheinlich kinderfeindlich wie eh und je! Sie sind die Männer und Macher, die Politiker und Kämpfer in der feindlichen Welt – so fern vom freundlichen Witz ihrer eigenen Kinder, daß sie selten oder niemals begreifen, was sie versäumen. Ihnen sei dieses Buch besonders ans Herz gelegt.

Norbert Kühne, im November 1996

Dank

Meinen Dank möchte ich an alle richten, die das Buch mit ihren Anekdoten ermöglicht haben:

Christa Antor, Reinbek, Bettina von der Au, Berlin, Johannes Bär, Traunreut, Bärbel Baucks, Marl, Else Bechstein, Witten, Anni Becker, Kaiserslautern, Ute Bertels, Recklinghausen, Gisela und Klaus Boettcher, Marl, Marion Borgmann, Wuppertal, Gabi Brentführer, Münster, Anne Brinkmann, Dorsten, A. Bühner, Neukirchen am Teisenberg, Willi Bußmann, Haltern, Ingo Cesaro, Kronach, Leon Dries, Marl, Brigitte Erler, Issum, Gisela Ewert-Kolodziej, Marl, Rudi Faßbender, Prasdorf, Kerstin Fay, Marl, German Franzen, Olpe/Biggesee, Tony Gehling, Münster i. W., Hannelore Gleim, Pinneberg, Joachim Hammerström, Olpe, Anneke Harder, Marl, Helga Harder-Kühne, Marl, Christa Hatkemper-Teigelkamp, Haltern, Dr. Norbert Heimken, Recklinghausen, Alwine Hessel, Finnentrop, Ulrike Heusinger, Essen, Dirk Hoffmann, Werdohl, Peter Hoffmann, Friedersdorf/Bitterfeld, Ute Hoppen, Dinslaken, Anita Horstmann, Bochum, Matthias Kehle, Karlsruhe, Ruth Kellermann, Struppen, Margit Kietze, Dittrichshütte, Gabriele Klink, Nürtingen, Franziska Köhler, Witten, Rita Kolbach, Schwelm, Josefine Konietzko, Marl, Albert Kopecky, Marl, Renate Kowalewski, Dortmund, Vera Krumsee, Thedinghausen, Monika Kühn, Krefeld, Ursula Lange, Oer-Erkenschwick, Mechthild Leskau, Meschede, Ursula Lübbers, Hünxe, Edgar Matteljat, Bocholt, Margot Michel, Burkhardswalde, Michael Möller, Reichshof, Klaus Peter Möncks, Olpe, Renate Mohrs, Wolfsburg, Gerd Müller, Marl, Margot Müller, Castrop-Rauxel, Annette Ostermann-Muhsal, Münster, Elisabeth Nowak, Remscheid, Günther Pfeiffer, Dortmund, Werner Plum-Schmidt, Recklinghausen, Sieglinde Renz, Urbach, Kornelia Richter, Dortmund, Marianne Rinderspacher, Schenefeld, Karin Rittinghaus, Schalksmühle, Gisela Schalk, Dortmund, Karin Schardt, Hagen, Cornelia Schmidt, Lüneburg, H.-G. Scholz, Dresden, Wilhelm Schürmann, Dortmund, Dr. Peter Schütt, Hamburg, Ruth Schulz, Recklinghausen, Martin Selber, Domersleben, Kerstin Senzek, Marl, Heidi Siegmon, Neudorf-Bornstein, Marja Sinnemaa, Iisalmi/Finnland, Gudrun Sonntag, Marl, Ruth Sonntag, Marl, Barbara Stolze, Bielefeld, Ursula Teichmann, Kaiserslautern, Christiane Theis, Saarbrücken, Anja Ulbig, Bremen, Bettina Vales, Schwarzbach/NL, Stefanie Wenz, Heidelberg, Hans-D. Zeuschner, Lüneburg, Sabrina Zink, Marl.

INHALT

Vorwort 7

2. LEBENSJAHR
»Ein Pferd mit nem Hirsch drauf« 10
»Da hat er noch keine Beine.« 13
»V-e-n-t-o-l-a-t-o-r« 17
»Wir pieschern nicht im Dunkeln.« 21

3. LEBENSJAHR
»Der Teufel ist ins Loch gefahren.« 24
»Stehend freihändig und mit Augen zu« . . 29
»Lauter klitzekleine Mamas« 33
»Eure Hühner sind wie die Hünde.« 36
»Ich hab zwei Pappen.« 39
»Papi, Jesus und der Neger« 45

4. LEBENSJAHR
»Da ist Österreich!« 48
»Mama, das Baby hat schon den ganzen
   Mutterkuchen aufgegessen!« 50
»Der Blasius kennt mich!« 55
»…esse ich die Knochen auch nicht!« 58
»Opa ist hier ja kaputt!« 61
»Ich hab die Idee ja in allen Zähnen.« 67
»Du Hängebauchschwein!« 75
»Meine Mama, die hat mich ausgesucht.« . . 77

5. LEBENSJAHR

»Weißrübe mit Schneckenhäuschen« 82
»Sie sprach falsch.« 84
»Dann habt ihr schon zweimal gesext?« . . . 91
»Bist du der liebe Gott?« 96
»Mama, schalt mal eben auf Pause!« 98
»Kaulquappe« 99

6. LEBENSJAHR

»Oh, ich kann ja Englisch lesen!« 102
»Jetzt siehst du mit zwei Augen keines.« . . 104
»Hier sind sogar die Kühe katholisch.« . . . 110
»Dann heiraten wir sie beide.« 112
»Der Osterhase und der liebe Gott
schlafen schon.« 116

7. LEBENSJAHR

»Mein Heft hat die Altersgrenze
erreicht.« 120
»Mama, Mama! Der Kontrolleur hat dir
ein Äuglein zugekniffen.« 124
»Aber wenn der Fisch ein Engel ist?« 127
»Ich hab vielleicht ein Rohr.« 131

8. LEBENSJAHR

»Warum soll nicht mal die Wenigheit
entscheiden?« 134
»Tarzan« 142
»Wofür brauchste heut noch Brüste?« 144

»Auf der linken Seite im Gehirn
hab ich nur Fächer.« 147
»Meine Tante ist auf Überholungskur.« . . . 151

9. LEBENSJAHR
»So lange laufen, bis man umfällt!« 154
»Ein Schnuckel« 163
»Sonnenerguß« 168
»Die Eier heiraten.« 170
»Raumschiff Enterprise« 172
»Hallo Brandstifter!« 174

10. LEBENSJAHR
»Aus dem Zuchthaus« 176
»Kann die Omi Kinder kriegen?« 179

11./12. LEBENSJAHR
»Verdienen Ideologen viel Geld?« 182

Nachwort
Monster, Poeten, Informanten 187
Dank 202

WEITERE KINDER-ANEKDOTEN?

Leben Sie mit Kindern zusammen? Haben Sie beruflich mit Kindern zu tun? Beobachten Sie häufiger Kinder – oder erzählen Ihnen Freunde oder Nachbarn etwas darüber?

Ich würde mich freuen, wenn Sie mir weitere Kinderanekdoten schicken würden!

ERLEBNISSE MIT SENIOREN

Leben Sie mit Ihren Eltern, Tanten, Onkeln oder gar Großeltern (über 60 Jahre) zusammen? Haben Sie beruflich mit Senioren zu tun? Beobachten Sie häufiger ältere Menschen – oder erzählen Ihnen Freunde oder Nachbarn oder gar Senioren etwas darüber?

Ich würde mich freuen, wenn Sie mir diese Anekdoten schicken würden!

Themen:
Zusammenleben verschiedener Generationen, witzige Differenzen über Zukunftsplanung und Leben, typische und witzige Konstellationen des Alters und Alterns, heitere Fluchtversuche aus Krankheiten und erlebte Witze über das Jüngerwerden, alltäglicher Ärger usw. undsofort.

HAUSTIERE

Haben Sie Tiere im Haus oder auf dem Hof? Dann erinnern Sie sich auch an Anekdoten mit ihnen! Ich interessiere mich dafür!

MEDIEN GBR N. KÜHNE
Lavendelweg 1, D-45770 Marl